DELIUS KLASING

Reinhard Scheiblich

LEUCHTTÜRME

Wahrzeichen an Deutschlands Küsten

Delius Klasing Verlag

INHALT

NEUER BLICK AUF ALTE TÜRME

◁◁ Mitten im Wasser und bei Ebbe über dem Watt – der Leuchtturm Arngast erleichtert als Leit- und Quermarkenfeuer die Schifffahrt im Jadebusen und nach Wilhelmshaven. Der 1909/10 errichtete Eisenturm ist wie alle Leuchtfeuer an Deutschlands Küsten automatisiert sowie fernüberwacht. Er wird aus dem öffentlichen Netz mit Strom versorgt, wobei bei einem Stromausfall ein Notstromaggregat im Untergeschoss anspringt.

Der Feuerschiffkapitän und Seebuchautor Fritz Burstat-Naval schrieb einmal: »Leuchtfeuer an unseren Küsten sind Denkmäler einer bewegten Zeitgeschichte und wandeln sich mit ihr.« Die goldene Zeit der Leuchttürme in Deutschland begann 1805 mit der Fertigstellung des Leuchtturms Cuxhaven und endete 1918 mit der Einrichtung des Feuers Neuland bei Behrensdorf an der Ostsee. Alle weiteren Bauten in den folgenden Jahren waren Ersatz- oder Ergänzungsfeuer, deren Zahl allerdings erheblich ist, insbesondere wo sie der Navigation in engen Gewässern dienen. Es handelt sich in der Regel um einfach gehaltene Zweckbauten. Die jeweiligen Innovationen der Technik spiegelten sich dabei in den Seezeichen – so wie in der gesamten Schifffahrt – unmittelbar wider. Das ist heute nicht anders. Das elektronische Zeitalter mit all seinen Neuerungen stellt die Tradition befeuerter Seezeichen an unseren Küsten zwar nicht infrage, verändert sie aber nachhaltig.

▷ In landschaftlich flachen Regionen wie auf der Insel Sylt ist in vielen Lebensbereichen Höhe gefragt. Der über hundert Jahre alte Leuchtturm Hörnum ist inzwischen Träger für neue Navigations- und Kommunikationselektronik geworden – auch wenn sich das nicht unbedingt mit maritim-nostalgischen Vorstellungen deckt.

Als 1996 im Delius Klasing Verlag das Buch »Leuchttürme an Deutschlands Küsten« erschien, war es noch unvorstellbar, dass eines Tages von einigen Meilensteinen deutscher Leuchttürme kein strahlendes Licht mehr auf das Meer hinausgeworfen werden sollte. Und doch ist es so gekommen. Allein in der Deutschen Bucht vor der Elbmündung, eines der meistbefahrenen Seegebiete der Welt, wurde der Leuchtturm Vogelsand abgerissen, das Leuchtfeuer auf dem mittelalterlichen Turm Neuwerk hat nicht mehr die Funktion eines Seezeichens, und der Leuchtturm Cuxhaven ist stillgelegt.

Das vorliegende Buch »Leuchttürme – Wahrzeichen an Deutschlands Küsten« dokumentiert auch solche Veränderungen. Vor allem zeigt es aber, dass von diesen Bauwerken, auch wenn einige nicht mehr ihre ursprüngliche Funktion wahrnehmen und ihre Architektur selten überrascht, eine ungebrochene Faszination ausgeht. Nicht ohne Grund ist die Briefmarkenserie »Deutsche Leuchttürme« eine der erfolgreichsten Briefmarkenserien der Post.

Woher kommt diese Faszination, die sich keineswegs nur auf die Küstenregion beschränkt? Der Blick auf die Leuchttürme ist Nostalgie pur, durchwoben mit der romantischen Vorstellung von Ferne, Weite und Abenteuer. All dies wird in der Gestalt des Leuchtturmwärters personifiziert. Vom »Mann

im Turm« wurden Nacht für Nacht und bei Wind und Wetter Beständigkeit und Zuverlässigkeit erwartet – keine selbstverständlichen Tugenden. Und auch wenn es seit 1986 keine Leuchtturmwärter mehr gibt, der Mythos bleibt, und so lassen sich die Leuchttürme nicht auf automatisierte und ferngesteuerte Seezeichen reduzieren. Plätze, an denen Leuchttürme stehen, sind Sehnsuchtsorte: Dort, wo man gerne sein möchte, auch wenn es nur für ein paar Stunden ist. Fernab von Alltagsreglementierungen über das Meer blicken, tief durchatmen und den Gedanken freien Lauf lassen.

Dabei lässt es sich allerdings nicht leugnen, dass man vielerorts nicht mehr alleine ist. Leuchttürme sind Touristenattraktionen geworden, und etliche Gemeinden bieten sogar standesamtliche Trauungen in den Türmen an, mit zum Teil beachtlichen Anmeldefristen. Dabei sollte man nicht vergessen, dass angesichts mancher Kabelstränge und Mobilfunkantennen maritim-romantische Vorstellungen ins Wanken geraten könnten.

Aber dessen ungeachtet: Was wären die Leuchttürme ohne die umgebende Landschaft, ohne die Strände oder ein Hafenpanorama, ohne Dünen und Hügel oder das Meer, aus dem sie ragen? Eine Landkarte mit den Standorten der Leuchttürme markiert immer auch die schönsten Plätze an der Nord- und Ostseeküste. Folgen Sie mir in diesem Buch zu den interessantesten Leuchttürmen an Deutschlands Küsten – und in einem kleinen Abstecher bis an den Bodensee – und lassen Sie sich von diesen Bauwerken faszinieren!

Reinhard Scheiblich

△ Zu den bekanntesten Bauwerken Deutschlands gehört der Leuchtturm Westerheversand auf der Halbinsel Eiderstedt an der schleswig-holsteinischen Westküste. Er ist eines der beliebtesten Ausflugsziele der Region, in dem auch standesamtliche Trauungen stattfinden. Leuchtturmenthusiasten schwören allerdings auf die Nebensaison, da man erst dann die grenzenlose Weite, klare Frische des Nordens und meditative Ruhe erlebt.

WIE DAS FEUER AUF DIE TÜRME KAM

▽ Auf einer Hemidrachme des Antoninus Pius aus den Jahren 144/145 n. Chr. ist der Leuchtturm von Alexandria geprägt, der zu den sieben Weltwundern der Antike zählt. Zwei Tritonen auf dem Turm und eine Statue auf der Laterne schmückten das vermutlich über hundert Meter hohe Bauwerk.

Unter dem römischen Kaiser Antonius Pius wurde um 144 n. Chr. eine Münze geprägt, die eines der sieben Weltwunder der Antike zeigt: den Leuchtturm von Alexandria. Zweifel an der Existenz des 279 v. Chr. auf einer Mole der nordafrikanischen Hafenstadt Alexandria gebauten Leuchtturms gibt es nicht. So hat unter anderem der Architekt Hermann Thiersch Anfang des 20. Jahrhunderts alle zur Verfügung stehenden Quellen ausgewertet und 1909 die Rekonstruktion eines über 100 Meter hohen und dreigeteilten Leuchtturms veröffentlicht, die bis heute Gültigkeit hat. Schon früh erkannten Seeleute, dass ein Feuer auf einem erhöhten Standpunkt weiter zu sehen ist, als Flammen am Strand. So verwundert es nicht, dass auch an den Küsten des römischen Reiches Leuchttürme standen. Einige Ruinen rund ums Mittelmeer werden von Archäologen als Leuchtturmbauten gedeutet, es gibt aber auch noch Ansehnlicheres als nur Grundmauern: Nach der Eroberung Südenglands bauten die Römer um 50 n. Chr. auf einem hohen Kreidefelsen nahe ihres Hafens Dubra, dem heutigen Dover, einen Leuchtturm. Neben einer Kapelle wird das Bauwerk von den Wehranlagen des sehenswerten Dover-Castles umgeben und ist dank einer soliden Bauweise nach wie vor gut erhalten. Der antike Torre de Hercules bei der spanischen Hafenstadt La Coruña zeigt nach unzähligen Umbauten und Anpassungen an die moderne Seezeichentechnik sogar bis heute noch sein Licht und ist somit der älteste in Betrieb gehaltene Leuchtturm der Welt.

An der Nord- und Ostseeküste bedeutete Schifffahrt im Mittelalter und darüber hinaus zunächst Tagesfahrt. Die Schiffe fuhren auf seit Generationen festgelegten und bewährten Routen, wobei sogar größere Umwege in Kauf genommen wurden. Neben dem wichtigen Lot und dem Segelhandbuch waren vor allen Dingen Landmarken bedeutende Navigationshilfen. Besonders an Küsten mit flachem Hinterland war jede Erhebung auch ein Seezeichen. Waren es anfänglich landschaftliche Merkmale wie Baumgruppen, Hünengräber oder markante Dünen, wurden später auch Kirchtürme, Mühlen und Baken zur Peilung genutzt. Eines der bedeutendsten Seezeichen dieser Art ist der 1312 auf der Insel Neuwerk fertiggestellte Burgturm. Erst nach 502 Jahren bekam das mittelalterliche Bauwerk eine Laterne, wie der verglaste Oberbau eines Leuchtturms mit seiner Lichtanlage genannt wird.

Während dieser großen Zeitspanne herrschte zwar nicht nur Finsternis an der Nordseeküste, systematisch gelangte das Feuer allerdings erst im 17. Jahrhundert auf Türme, wobei von klassischen Leuchttürmen noch nicht die Rede sein konnte. Anfangs hat es sich eher um Pfähle mit aufgesetzten oder hochgezogenen Feuerkörben gehandelt, worauf dann Stein- oder Holzbauten folgten. Ob Holzgerüst oder Steinbau, die als »Blüsen« bezeichneten Seezeichen hatten eine gemeinsame Feuertechnik: Unter freiem Himmel wurde auf einem Gitterrost Steinkohle verbrannt. Diese aus Holland stammende Leuchtfeuertechnik kam erstmals in der deutschen Bucht auf Helgoland zur Anwendung und wurde anfangs nur gelegentlich und von 1761 bis 1808 dann ganzjährig betrieben. Je nach Wetterlage reichte die Tragweite einer Steinkohlenblüse sechs bis acht Meilen. Ein Blüsenfeuer besaß eine Leuchtkraft von ca. 50 Candela. Zum Vergleich: Das heutige Leuchtfeuer auf Helgoland besitzt 40 Millionen Candela und ist damit eines der stärksten Leuchtfeuer der Welt.

Unweit des mittelalterlichen Burgturms auf der Insel Neuwerk entstand ca. 1655 eine Blüse. Dabei handelte es sich um einen hölzernen Gerüstbau oder ein Balkenwerk, auf dem bis 1815 das Steinkohlen feuer geschürt wurde. Die beiden von der Hansestadt Hamburg betriebenen Leuchtfeuer vor der Elbmündung verbrauchten Ende des 18. Jahrhunderts etwa eine Million Kilogramm Kohle pro Jahr.

△ **Vor einer kleinen Kapelle im Dover Castle am Ärmelkanal sind die gut erhaltenen Reste eines römischen Leuchtturms zu sehen. Er zählt zu den ältesten gemauerten Bauwerken Englands und wurde um 50 n. Chr. gebaut.**

△ **Um 1800 entstand das kolorierte Blatt einer Blüse. Neben Holzgerüsten, wie auf dem Bild dargestellt, gab es auch Steinbauten, auf deren oberen Plattformen meist Kohle verbrannt wurde. Bei den sogenannten Wippfeuern gelangte der Feuerkorb wie bei einen Schlagbaum mittels Hebelwirkung in die Höhe.**

Wegen des hohen Bitumenanteils und der damit verbundenen höheren Leuchtkraft, wurde schottische Steinkohle bevorzugt und importiert. Auch auf den Nordseeinseln Wangerooge und Borkum standen Blüsen.

An der Ostsee hatte die rasante Entwicklung der Hansestädte mit ihrem regen Seehandel bereits im 14. Jahrhundert zu ersten befeuerten Seezeichen geführt. Auf der Insel Hiddensee, nahe dem heutigen Leuchtturm Gellen, betrieben Mönche ab 1306 ein offenes Leuchtfeuer, und in Warnemünde lässt sich um 1349 eine Laterne mit Kerzenlicht nachweisen. »Da selbige zu den deutschen Altertümern mittlerer Zeiten gehöret, wird es nicht unangenehm sein, davon einen akkuraten Abriß sehen zu können«, heißt es in einer alten Rostocker Chronik. In dem ältesten Lübecker Kämmereibuch sind im Jahre 1316 Ausgaben für den Betrieb eines Leuchtfeuers an der Trave-Mündung aufgeführt. Von holländischen Maurern ließ die Hansestadt Lübeck am gleichen Ort 1539 einen runden und 31 Meter hohen Ziegelsteinbau errichten. Das heute denkmalgeschützte Bauwerk ist Deutschlands ältester Leuchtturm und war bis 1972 mit unterschiedlichen Leuchtfeuertechniken in Betrieb.

Die Blüsen wurden nach und nach durch die Reverberen-Leuchtapparate abgelöst. Diese standen hinter verglasten Laternen und konnten dadurch wetterunabhängig einem höheren Schiffsaufkommen dienen. Dem ging eine entscheidende Idee des französischen Physikers Aimé Argand (1755–1803) voraus. Die von ihm entwickelte Lampe ist nichts anderes als eine Petroleumlampe mit Hohldocht. Durch eine doppelte Luftzufuhr am Docht, also von außen und innen, gelang ihm eine beachtliche Lichtverstärkung der Flamme, die außerdem in einem Glaszylinder gleichmäßiger und rußfreier brannte. Durch die Anordnung mehrerer Dochtringe konnte die Helligkeit der Flamme nochmals gesteigert werden.

Reverberen-Leuchtapparate bestanden aus mehreren Parabolspiegeln, in deren Brennpunkt jeweils eine Argand-Lampe mit Rüböl oder Petroleum brannte. Je nach dem Wirkungsgrad des Leuchtfeuers erfolgte die Anordnung der Argand-Lampen nebeneinander und, um Dunkelfelder zu vermeiden, eine zweite aber versetzte Reihe darüber. Während sich ab 1805 die Reverberen-Leuchtapparate nach und nach an der Nord- und Ostseeküste durchsetzten, begann in Frankreich der Physiker Augustin Jean Fresnel (1788–1827) über die Wellennatur des Lichtes nachzudenken. Im Rahmen seiner Forschung konstruierte er um 1820 unter Verwendung von Linsen und Prismen eine Optik, die das Seezeichenwesen revolutionieren sollte: die nach ihm benannte Fresnel-Linse. Es gelang ihm, die Strahlen einer Lichtquelle zu bündeln und in eine gewünschte Richtung zu lenken. Optische Elemente wie Linsen und Prismen waren schon bekannt, aber nur in kleinen Abmessungen. Für ein starkes Leuchtfeuer ließ Fresnel das Linsenprofil stufenförmig nach kurzen Wölbungen wieder zurückspringen, um bei gleicher Lichtbrechung Glas und somit Gewicht zu sparen. Die Fresnel-Linse wurde seit ihrer Erfindung mehrmals verbessert und besteht im Allgemeinen aus dioptrischen und katadioptrischen Glaselementen. Bei der Anordnung der Linse und Prismen um eine vertikale Achse entsteht eine Gürtellinse. Sind die Glaskörper um eine horizontale Achse angeord-

net, ergibt sich eine Scheinwerferlinse. Unabhängig von der Lichtquelle verbesserte die Fresnel-Linse die Tragweite eines Leuchtfeuers erheblich.
Seit über hundert Jahren bündeln nun Fresnel-Linsen von bis zu zwei Metern oder mehr das Licht an unseren Küsten. Es gibt kaum ein großes Seefeuer, das nicht eines dieser begehbaren Meisterwerke aus Glas trägt. Nach ihrer Einführung fanden die wesentlichen Veränderungen nur noch in ihrem Brennpunkt statt: Dort genügt nun eine Lichtquelle, um das Licht bis an den Horizont zu tragen. Dies war der Beginn der modernen Leuchtfeuertechnik: von der Argand-Lampe mit mehreren Dochtringen über Gaslicht mit Glühstrumpf zu den Lichtbogenlampen und schließlich den modernen Leuchten wie Halogen- oder Xenonhochdrucklampen. Selbst LEDs werden bereits auf Leuchttonnen zum Einsatz gebracht – in welche Feuerhöhe sie es noch bringen werden, werden die nächsten Jahre zeigen.

◁ Mittelalterliche Leuchtfeuertechnik: ein Feuerkorb der Leuchte Warnemünde aus dem 14. Jahrhundert. In dem mittlerweile verloren gegangenen Kupferkorb werden vermutlich Kerzen gebrannt haben. Die Abbildung stammt aus einer Rostocker Chronik.

▽ Zwischen 1815 und 1918 entstanden die meisten Leuchtturmbauten an der Nord- und Ostseeküste Deutschlands. In einem Berliner Archiv wird eine Kollektion von Leuchtturmentwürfen aufbewahrt, die aus Studienarbeiten von Architekturstudenten besteht und das maritime Interesse jener Zeit dokumentiert. Das abgebildete Blatt ist aus dem Jahr 1884.

VON CAMPEN BIS KAMPEN

LEUCHTTÜRME AN DER NORDSEEKÜSTE

◁ Untrennbar von Strand, Dünen und Meer scheint der Leuchtturm List Ost mit dem Ellenbogen auf der Insel Sylt zu verschmelzen. Er ist mit seiner roten Laterne auch eine wichtige Tagesmarke am nördlichsten Ufer Deutschlands.

Der Leuchtturm Campen an der Emsmündung und der Leuchtturm Kampen auf der Insel Sylt markieren in etwa die Eckpunkte der deutschen Nordseeküste. Eine beeindruckende Küstenregion: Das Wattenmeer gehört zum UNESCO-Weltnaturerbe und die Schifffahrtsrouten zu den verkehrsreichsten der Welt. Über die Flüsse Elbe, Weser und Ems reicht ihr Gezeitenrhythmus bis weit ins Hinterland, und sogar das sagenumwobene Atlantis wurde einmal auf dem Grund der Deutschen Bucht vermutet.

Für Abertausende von Urlaubern und Erholungssuchenden bündelt heute das Wort »Nordsee« Eigenschaften, die mit keiner anderen Küstenregion zu vergleichen und für die Leuchttürme zum Symbol und Wahrzeichen geworden sind.

Viele Leuchttürme an der Nordseeküste weisen bemerkenswerte Fakten auf. So ist der Leuchtturm Campen, auch der »Eifelturm der Nordsee« genannt und mit C geschrieben, damit er nicht mit Kampen auf Sylt verwechselt wird, der höchste Leuchtturm Deutschlands. Nach 320 Stufen erreichen Besucher die Aussichtsgalerie des 65 Meter hohen Bauwerks. Nicht weit vom Leuchtturm Campen steht der kleine, stillgelegte Leuchtturm Pilsum: ein unscheinbarer Turm, der jedoch als Kulisse im Film »Otto – Der Außerfriesische« mit Otto Waalkes berühmt geworden und nun eines der Wahrzeichen, wenn nicht gar *das* Wahrzeichen der Region Ostfrieslands ist. Der gelb-rote Leuchtturm an der Ems ist ein beliebtes Ausflugsziel, genauso wie der Leuchtturm Westerheversand an der Schleswig-Holsteinischen Westküste. Mit seinen beiden charakteristischen Wärterhäusern links und rechts vom Turm ist dieser Leuchtturm zu einem wahren Medienstar geworden. Fotogen auf einer Warft in den Salzwiesen bei Westerhever gelegen, dient das Ensemble immer wieder als Blickfang in der Werbung und symbolisiert wie kein zweiter Leuchtturm die Weite, Klarheit und Frische des Nordens.

Zusammen mit den Leuchttürmen Pellworm und Hörnum wurde der Leuchtturm Westerheversand von 1906 bis 1907 in Serie gebaut. Die Eisengießerei und Maschinenfabrik Isselburger Hütte am Niederrhein fertigte für jeden Leuchtturm über 600 gusseiserne Segmente, die dann vor Ort zum Turm montiert wurden. Am Anfang des 20. Jahrhunderts war dies eine logistische Herausforderung, angesichts entlegener Inseln und schwierigem Gelände. Auch der Leuchtturm Büsum wurde aus 180 bis 200 Kilogramm schweren »Tübbings« gebaut, genauso wie die Leuchttürme Arngast, Borkum kleiner Turm, Weddewarden Unterfeuer und Helgoland Düne.

Von 1885 bis 1964 war der Leuchtturm Roter Sand in Betrieb. Der Leuchtturm in der Außenweser ist heute ein maritimes Baudenkmal von internationalem Rang und zählt zu den berühmtesten Leuchttürmen der Welt. Noch nie zuvor hatten Ingenieure einen Leuchtturm mitten ins Meer auf einer acht Meter unter dem Meeresspiegel liegenden Sandbank gebaut. Nach Veränderungen des Fahrwassers ist 1964 der Leuchtturm Roter Sand durch den Leuchtturm Alte Weser ersetzt worden.

Auch wenn nicht jeder Leuchtturm an der Nordseeküste durch seinen exponierten Standort oder durch Größe und Bauweise einen bemerkenswerten Platz in der deutschen Seezeichengeschichte fand, faszinierend sind sie alle.

△ Das historische Foto vom Leuchtturm Campen wurde um 1892 mit einer Großbildkamera aufgenommen und zeigt das Leuchtturmareal mit Maschinenhaus für die elektrische Stromversorgung des Leuchtfeuers und eines von zwei Häusern. Um Verwechslungen mit dem Leuchtturm Kampen auf der Insel Sylt zu vermeiden, wird der »Eifelturm der Nordsee« mit C geschrieben.

▷ Wie das klassische rot-weiß gestreifte Idealbild sieht der Leuchtturm Campen an der Unterems nicht aus, mit 65,30 Metern ist er dafür aber Deutschlands höchster Leuchtturm. Um das Gewicht auf dem weichen Marschboden zu verteilen, besteht das Bauwerk aus einer dreibeinigen Stahlfachwerkkonstruktion mit einer Mittelröhre, in der 320 Stufen bis zur Galerie führen. Der Leuchtturm zeigte 1891 zum ersten Mal sein Licht.

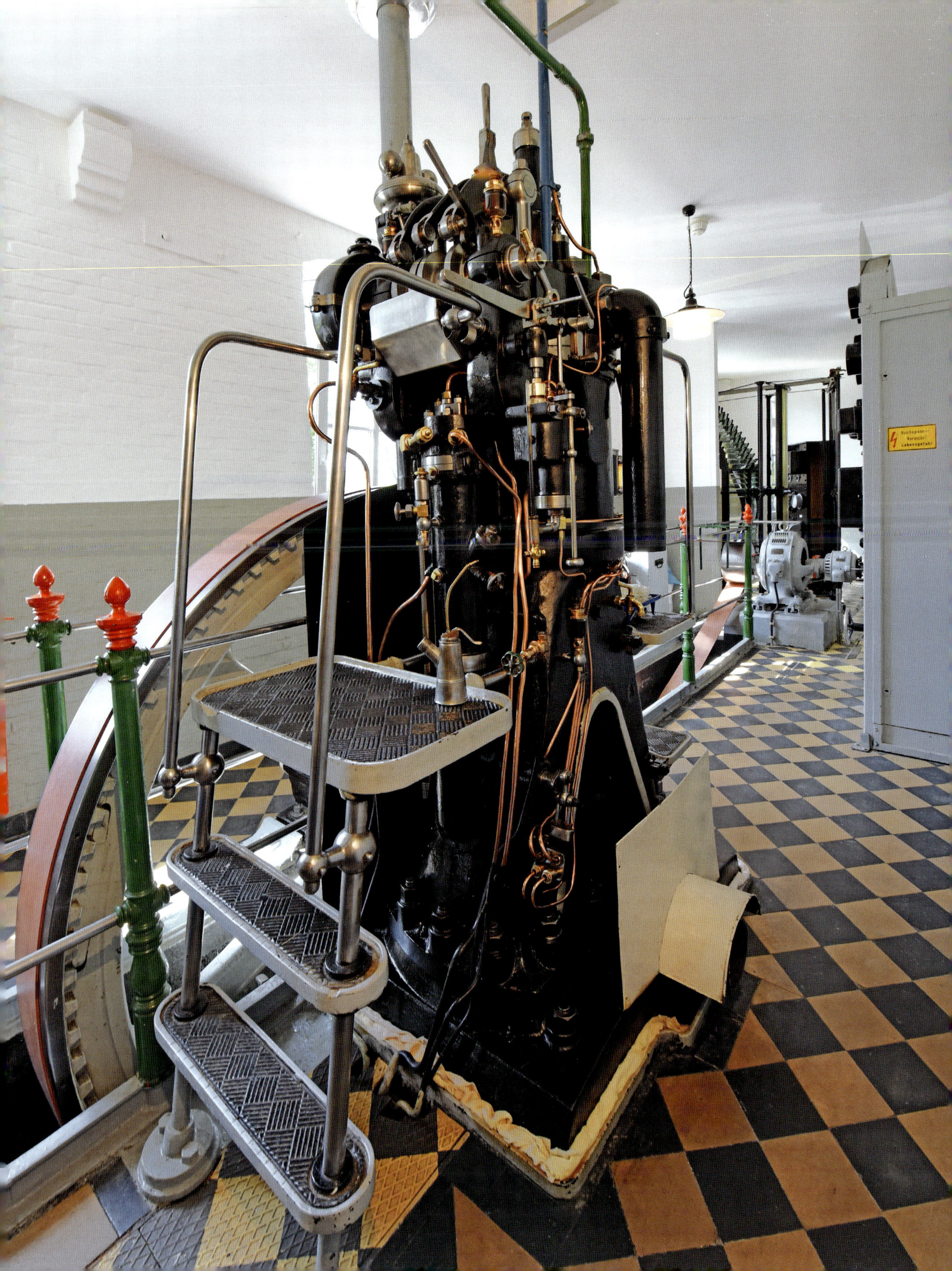
Lebensgefahr

△
△ Das Leuchtturmpersonal und seine Familien lebten in diesen Wohnhäusern.

△ Trotz einer rundum vergitterten Besuchergalerie lohnt sich der Blick über die weitläufige Emslandschaft.

◁ Seit seiner Inbetriebnahme wurde der Leuchtturm Campen elektrisch betrieben, wofür der noch zu Lebzeiten von Rudolf Diesel gebaute Dieselmotor ab 1906 die nötige Energie lieferte. Er ist heute noch funktionsfähig, wird aber nicht mehr benötigt.

△ Der Schreibtisch des ehemaligen Maschinisten. Die Maschinenhalle ist kein Museum, steht am »Tag der offenen Tür« aber Besuchern offen.

◁ Strom aus dem öffentlichen Netz bringt eine Xenonhochdrucklampe für das Leitfeuer Campen mit einer Nenntragweite von ca. 30 Seemeilen zum Glühen. Bei Stromausfall übernimmt ein Notstromaggregat die elektrische Versorgung.

△ Der Leuchtturm Pilsum in der Krumhörner Marsch an der Ems war nur von 1891 – mit kriegsbedingter Unterbrechung – bis 1919 in Betrieb. Er ist nur 11 Meter hoch, gehört aber dennoch zu den ganz »großen« Leuchttürmen Deutschlands, da er von den Medien als dekorative Kulisse entdeckt und so zu einem Wahrzeichen für eine ganze Region wurde.

▷ Der französische Physiker Augustin Jean Fresnel (1788 bis 1827) entwickelte die nach ihm benannte Linse und revolutionierte damit die Leuchtfeuertechnik, in der Linsen und Prismen das Licht bündeln und es in eine gewünschte Richtung lenken. Auch in dem Quermarkenfeuer in der Verkehrszentrale Knock an der Ems wird eine Fresnel-Linse eingesetzt. Farbige Kunststoffscheiben vor der Innenseite der Außenverglasung färben das Licht für die Sektoren. Mit einer Feuerhöhe von 28 Metern beträgt die Nenntragweite des gebündelten Lichtes im weißen Sektor 12, im roten 9 und im grünen Sektor 8 Seemeilen.

▷ Ursprünglich war der Turm gänzlich rot gestrichen. Die gelben Streifen kennzeichnen den Leuchtturm als stillgelegtes Seezeichen.

▷ Drei Leuchttürme zeugen von der Bedeutung Borkums als Seezeichenstandort vor der Emsmündung. Als Tagesmarke 1576 errichtet, war der 45 Meter hohe »Alte Turm« von 1817 bis 1879 ein klassischer Leuchtturm mit Laterne. Nach einem verheerenden Brand 1879, bei dem nur die Außenmauern stehen blieben, wurde noch im gleichen Jahr mit dem Bau eines neuen Leuchtturms begonnen.

▷▷ Ernst Schumacher aus Leer hatte den Leuchtturm auf Norderney entworfen und bereits 1874 den Auftrag erhalten, einen großen Leuchtturm für Borkum zu planen. Nach dem Brand des alten Turms konnte die Königlich Preußische Wasser- und Schifffahrtsverwaltung daher direkt den Bau beauftragen. Heute wird der automatisierte Leuchtturm von der Verkehrszentrale Knock überwacht. Nautisch korrekt wird er »Neuer Leuchtturm Borkum« genannt, doch zur besseren Gliederung in Tabellen ist auch »Borkum, Neuer Turm« verbreitet.

▽ 1879 wurde mit dem Bau des Neuen Leuchtturms Borkum begonnen.

◁ In dem 53,30 Meter hohen Borkum, Neuer Leuchtturm, wurden 1 526 000 Ziegelsteine verarbeitet.

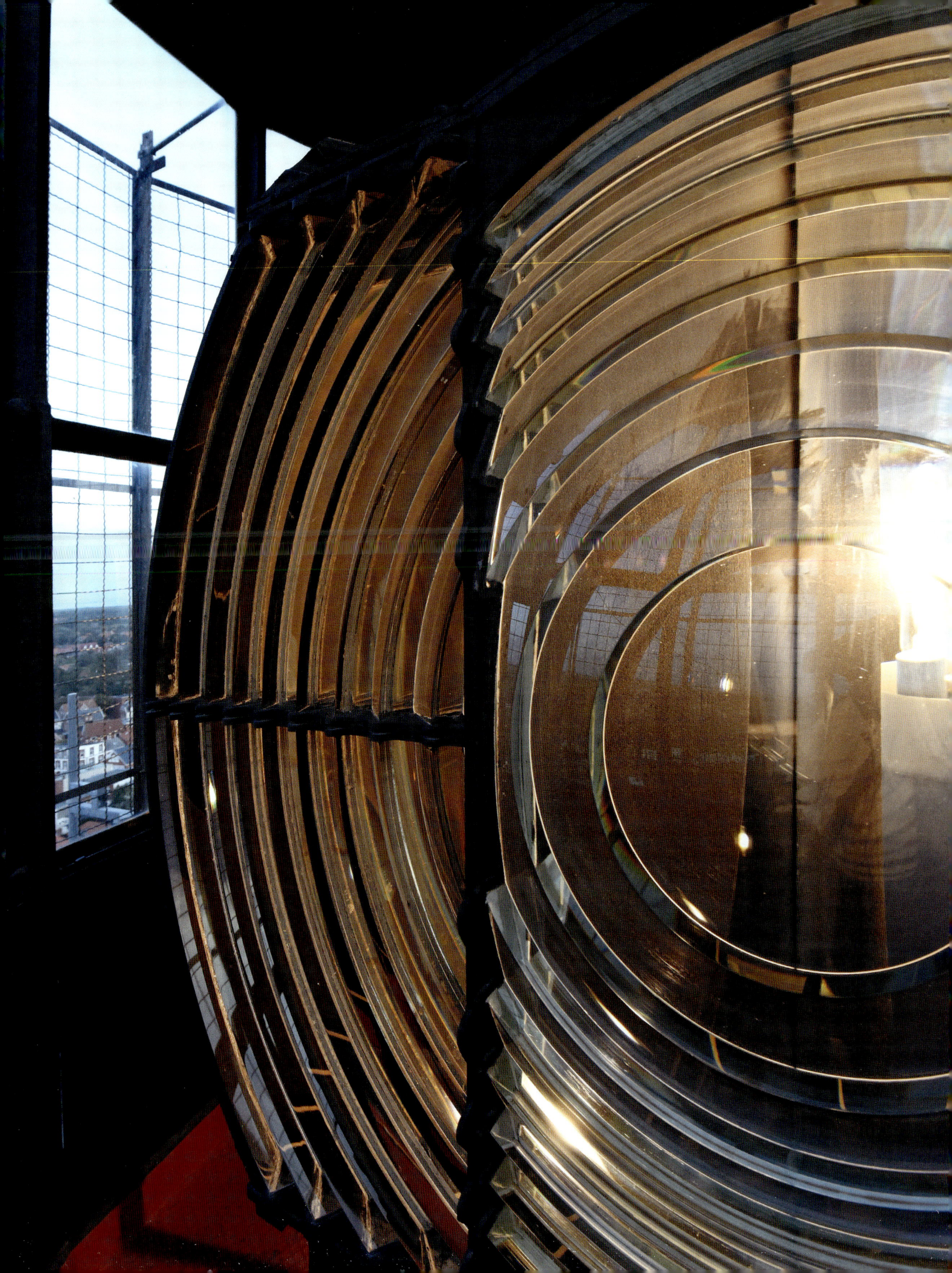

Um Verwechslungen mit anderen Leuchtfeuern auszuschließen, wurde 1936, in Absprache mit dem niederländischen Seezeichendienst, die Kennung des Leuchtturms Borkum, Neuer Turm, verändert. Ein ursprünglich festes Feuer mit einer Gruppe von zwei Blinken wurde in eine Zweier-Blitzkennung ohne Restlicht in den dunklen Phasen umgewandelt. Im Seezeichenwesen ist ein Blitz im Gegensatz zum Blink eine Lichterscheinung von weniger als einer Sekunde.

△ 2003 wurde das Leuchtfeuer von Borkum, Kleiner Leuchtturm, wegen einer Fahrwasserveränderung abgeschaltet, eine erneute Fahrwasserverschiebung könnte ein Anschalten der Leuchtfeueranlage in absehbarer Zeit allerdings wieder erforderlich machen. In der Laterne ist die aluminiumverkleidete Lichtanlage mit einem Präzisionssektorenfeuer.

◁ Borkum, Kleiner Leuchtturm, ist der erste von neun Leuchttürmen an der deutschen Nord- und Ostseeküste, der von der Isselburger Hütte am Niederrhein aus gusseisernen Elementen, den sogenannten Tübbings, gebaut wurde. Er begann im Herbst 1891 den Leuchtfeuerbetrieb, wobei er zwei Leitfeuer in Richtung Westerems und Hubertgat zeigte. 1966 wurde die kupferne Turmkuppel abgebaut und durch einen Radaraufsatz ersetzt.

▷ Angesichts des großen Leuchtturms in der Stadtmitte von Borkum wird das 1891 in Betrieb genommene rot-weiße Seezeichen auf der Insel Borkum »Kleiner Leuchtturm« oder auch »Elektrischer Leuchtturm« genannt, da es von Anfang an elektrisch betrieben wurde. Am 28. Februar 1900 wurde dort zur Erprobung eines drahtlosen Schiffsmeldedienstes das erste Seefunktelegramm Deutschlands empfangen.

▷▷ Immer wieder beklagten Seeleute im 19. Jahrhundert, dass es zwischen Borkum und Wangerooge eine 85 Kilometer lange unbefeuerte Lücke gäbe. Am 1. Oktober 1874 wurde diese auf der Insel Norderney mit der Inbetriebnahme des 54 Meter hohen Leuchtturms geschlossen.

△
△ △ Gefertigt wurde die große Fresnel-Linse 1. Ordnung für den Leuchtturm Norderney bei der Firma Sautter, Lemonier & Cie in Paris – sie gelangte als Reparaturzahlung infolge des Krieges von 1870/71 auf die ostfriesische Insel. Eine Besonderheit der großen Scheinwerferlinse sind ihre 24 Felder, wobei jedes vierte Feld schwarz verblendet ist, weswegen auf drei Blitze eine Pause folgt.

△ Über einem quadratischen Sockel geht das Gebäude in einen achteckigen Turmschacht über, in dem die Besucher über 253 Stufen zu einer Galerie gelangen.

▷ Auf dem historischen Foto des Leuchtturms Norderney ist das Wohnhaus für die zunächst drei, ab 1892 zwei diensthabenden Leuchtfeuerwärter zu sehen. In dem Haus lebten auch die Familien der Leuchtfeuerwärter, wobei auch ein Stall und Garten dazugehörten. Seit 1981 ist der Leuchtturm fernüberwacht.

△ Um 1910 entstand das reizvolle Foto einer Personengruppe mit dem 1856 gebauten »Alten Leuchtturm« im Hintergrund auf der Insel Wangerooge.

◁ Der 1601 vollendete Westturm diente auf der Insel Wangerooge als Tagesmarke und trug von 1624 bis 1630 sogar ein Leuchtfeuer. Aus Angst vor einer englischen Invasion im Ersten Weltkrieg ließ man das 56 Meter hohe Bauwerk sprengen. Um 800 Meter versetzt wurde es 1932/33 wieder aufgebaut und dient heute als Jugendherberge.

▷ Der 1927 technisch verbesserte und auf 39 Meter erhöhte alte Leuchtturm Wangerooge zeigte bis 1969 sein Leuchtfeuer. In seinem Turm befindet sich heute ein Heimatmuseum.

△
△ Die rotierende Scheinwerferlinse in der im Winter beheizten Laterne des »Neuen Leuchtturms« auf Wangerooge. Bei einem Ausfall des Leuchtfeuers übernimmt die untere Einheit die Aufgabe.

△ Eine Gürtellinse im auskragenden Geschoss des Leuchtturms projiziert ein Muster ihrer Prismenringe an die abgeschattete Fensterfront mit der schmalen Öffnung für das Warnfeuer und kennzeichnet damit eine weit ins Watt ragende Buhne.

▷ 1969 löste der 64 Meter hohe Neue Leuchtturm Wangerooge, der für den Ausbau des Fahrwassers nach Wilhelmshaven benötigt wurde, seinen Vorgänger im Ortszentrum ab. Die Langzeitbelichtung zeigt das rote Seefeuer in 60 Meter Höhe und ein Leit- und Nebenfeuer aus dem Zwischengeschoss in 24 Meter Höhe.

△ 25 Kilometer nordwestlich von Bremerhaven ruht das Fundament des 36 Meter hohen Leuchtturms Hohe Weg auf 120 Pfählen. 1856 wurde er in Betrieb genommen.

▷ Im Deutschen Schifffahrtsmuseum in Bremerhaven wird die ausgediente Gürtellinse des Leuchtturms Hohe Weg als Exponat gezeigt.

▷▷ Der Leuchtturm Robbenplate hatte seit 1959 die erste Radarantenne für die Schifffahrt auf der Außenweser.

◁ Der Leuchtturm Arngast wurde 2013 in die Liste der zu schützenden Kultur- und Baudenkmäler aufgenommen. Im Hintergrund ist die Stadtsilhouette von Wilhelmshaven zu sehen.

△ Windsemaphor auf dem Landungssteg des Leuchtturms Hohe Weg in der Außenweser während eines strengen Winters um 1900. Nachdem Helgoland und Borkum eine Kabelverbindung mit dem Festland erhalten hatten, konnten Wettermeldungen von dort an auslaufende Schiffe, zu denen es noch keine Funkverbindung gab, optisch weitergeleitet werden. »H« stand für Helgoland, »B« für Borkum, darüber Windstärke und -richtung.

▷ Von 1887 bis 1923 war der Leuchtturm Obereversand in Betrieb. Er fungierte als Oberfeuer und bildete mit dem Unterfeuer Eversand eine Richtfeuerlinie durch den Wurster Arm. Er verkörpert einen weiteren Leuchtturmtyp in der Außenweser und steht heute als Hafenfeuer und Touristenattraktion am Ufer von Dorum-Neufeld.

▷▷ Ausschnitt aus einer Bauzeichnung für den Leuchtturm Roter Sand, dessen Bau zu den bedeutendsten Ingenieursleistungen des 19. Jahrhunderts zählt. Er wurde von 1880 bis 1885 in der Außenweser auf einer acht Meter unter der Wasseroberfläche liegenden Sandbank errichtet, wobei, wie bei einer Taucherglocke, das Wasser mit Druckluft aus einem nach unten offenen Zylinder gepresst wurde, sodass im Trockenen auf dem Meeresgrund gearbeitet werden konnte. Danach wurde der Hohlraum mit Beton ausgefüllt. Nachdem der erste Senkkasten (Caisson) von der Nordsee zerstört worden war, gelang es erst im zweiten Anlauf den Leuchtturm zu errichten.

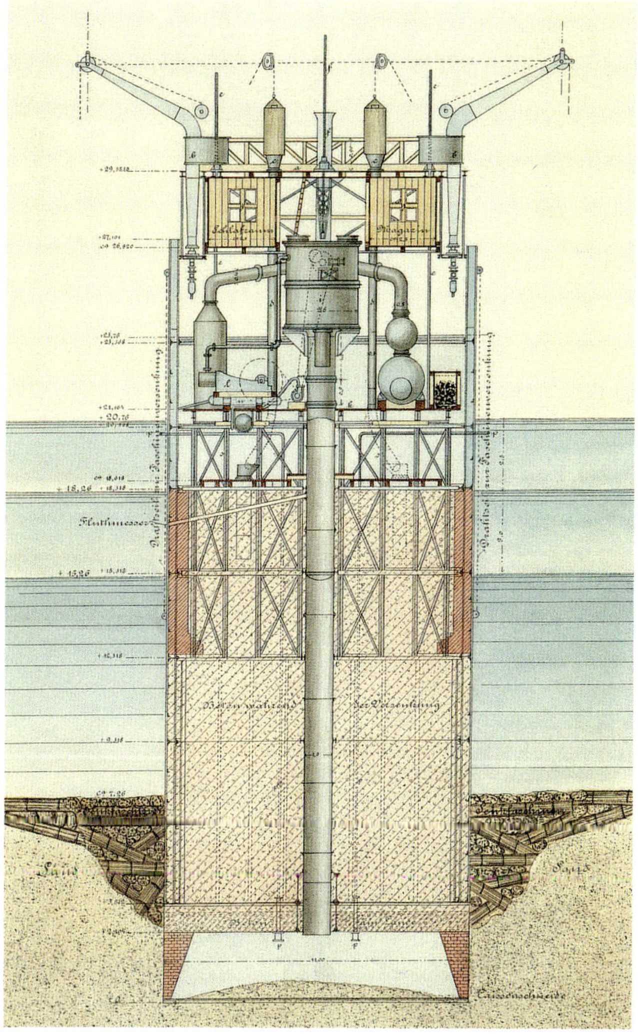

△
△ Die kolorierte Zeichnung zeigt, wie aufwendig der Aufbau des Sockels war, auf der der Leuchtturm Roter Sand errichtet wurde.

△ Bau des ersten Caissons von 1880 bis 1881 auf einer Werft in Bremerhaven.

△ ▷ Seine Geschichte bietet kaum Vergleichbares, sein Standort ist einmalig, sein Antlitz ist unverwechselbar: Der Leuchtturm Roter Sand in der Außenweser, mitten im Meer auf einer unter Wasser liegenden Sandbank gebaut, ist ein maritimes Baudenkmal von Weltrang und doch schon seit 1964 stillgelegt. Fahrwasserveränderungen und der Aufbau einer Radarstation erforderten einen Ersatzbau: den Leuchtturm Alte Weser.

◁ Der Leuchtturm und Radarstützpunkt Alte Weser steht in Sichtweite zum Leuchtturm Roter Sand und ist seit September 1964 in Betrieb. Für die Ansteuerung der Weser und ihrer Häfen Bremerhaven und Bremen ist er ein bedeutendes Seezeichen.

△
△ Optik mit Petroleumglühlicht für das nach Norden scheinende Nebenfeuer in einem Erker des Leuchtturms Roter Sand.

△ Alltag im Jahre 1925 im Leuchtturm Roter Sand, der auch Telegrafen-, Wetter- und Schiffsmeldestation war. Die rechte Hand des Diensthabenden ruht auf einer Morsetaste.

△
△ 1927 entstand dieses Foto von einer Wachablösung am Leuchtturm Roter Sand. Mannschaft und Proviant mussten zum Versorgungsschiff »ausgekorbt« werden.

△ In strengen Wintern bildete sich in den Räumen des Leuchtturms Roter Sand Eis an den Wänden. Nur die Küche war der einzige beheizte und auch sonst zentrale Raum für die Leuchtfeuerwärter, von denen immer einer Küchendienst hatte.

△ Auf dem vermutlich im Jahre 1908 aufgenommenen Foto ist im Hintergrund neben dem Dampfer »Vorwärts« der Pingelturm in Bremerhaven, offiziell »Kaiserschleuse Ostfeuer« genannt, zu sehen. Der Leuchtturm scheint sich auf den ersten Blick nicht verändert zu haben, die Umgebung sehr wohl.

◁ Bremerhaven ist eine junge Stadt und wurde 1827 als Vorhafen für Bremen gegründet, da die Weser flussaufwärts zunehmend versandete. Nach der Vollendung des zweiten Hafenbeckens entstand 1853/55 ein 37 Meter hoher Leuchtturm direkt an der Schleuse zum neuen Hafen. Der Leuchtturm Bremerhaven Oberfeuer ist im Stil der Backsteingotik aus der Hansezeit (Neugotik) gebaut, wodurch er eher an einen flämischen Belfried und das im Zweiten Weltkrieg zerstörte Nebengebäude für die Leuchtfeuer- und Schleusenwärter an das Kontorhaus eines wohlhabenden Kaufmanns erinnert.

△ Der zunehmende Handel führte dazu, dass die vorhandenen Hafenbecken in Bremerhaven nicht mehr ausreichten und ein neuer Hafen geplant und gebaut wurde. 1876 war der »Kaiserhaven« vollendet, der seinen Namen wohl aus Euphorie über die 1871 erfolgte Reichsgründung erhielt. Nach einer Schleusenerweiterung für den Kaiserhaven entstand 1900 der architektonisch sehr interessante »Pingelturm« (»Kaiserschleuse Ostfeuer«), dessen Entwurf von dem Hafenbaumeister Rudloff stammt.

◁ Eine halbrunde Terrasse mit Sitzgelegenheiten macht den kleinen Backsteinturm zu einem beliebten Treffpunkt an der Weser. Schlepper und ein Containerterminal bilden die moderne maritime Kulisse für den alten Leuchtturm.

△
△ Für seine nautische Aufgabe zeigt der Pingelturm ein grünes Einfahrtslicht.

△ Der Name »Pingelturm« oder auch »kleiner Glockenturm« weist auf seine frei hängende Nebelglocke hin.

△ Bremerhaven ist die Stadt der Leuchttürme. Das rot-weiße Bremerhaven Unterfeuer, wegen seiner Form auch »Minarett« oder »Zwiebelturm« genannt, gehört zu den sehenswerten Leuchttürmen der Hafenstadt an der Weser und bildet zusammen mit dem 208 Meter entfernt stehenden Simon-Loschen-Turm seit 1893 eine Richtfeuerlinie. Anlässlich der Sail 2005 wurde direkt neben dem Minarett das Windsemaphor vom Leuchtturm Hohe Weg wieder aufgebaut (siehe Seite 36).

▷ Im maritimen Herzen der Stadt Bremerhaven steht einer der schönsten Leuchttürme Deutschlands. Als Bremerhaven Oberfeuer eher Seeleuten bekannt, kennt man den 38 Meter hohen Leuchtturm auch unter dem Namen Simon-Loschen-Turm, der seit 1855 in Betrieb ist.

△ Der Simon-Loschen-Turm wurde nach seinem Erbauer, dem Architekten Simon Loschen, benannt, der sich für seine Bauwerke die norddeutsche Backsteingotik der Hansezeit zum Vorbild nahm.

▷ Ursprünglich stand der Leuchtturm Weddewarden Unterfeuer, heute als Leuchtturm Brinkamahof bekannt, sechs Kilometer nördlich vor Bremerhaven im Wurster Watt, wo er von 1910 bis 1911 errichtet worden war. Seine Bauweise aus Eisenringen der Isselburger Hütte ermöglichte einen Standortwechsel, der durch den Ausbau des Containerhafens in den 1970er-Jahren erforderlich wurde.

▷▷ Als Seezeichen nicht mehr benötigt, erfüllt der Turm nun seine maritime Aufgabe an der Marina des Fischereihafens als Unterkunft und Gaststätte.

▷▷▷ 34 Meter hoch ragt der Leuchtturm Obereversand zwischen Bremerhaven und Cuxhaven bei mittlerem Hochwasser in den Himmel. Von 1887 bis 2003 stand er weit draußen in der Nordsee, bis er mit großem Aufwand an das Ufer von Dorum-Neufeld versetzt wurde. Er war erst Leuchtturm, dann Rettungsbarke für Schiffbrüchige, und nun ist er Hafenfeuer und Touristenattraktion im Erlebnisraum Wattenmeer (siehe Seite 36).

▽ Abendstimmung in Bremerhaven. Seit 1914 ist das Geeste Nordfeuer in Betrieb und markiert die Einfahrt zum ältesten Hafen der Stadt.

◁ Auf der Insel Neuwerk hatte die Hansestadt Hamburg von 1300 bis 1310 einen Wehrturm zur Manifestierung ihrer Interessen in der Elbmündung errichtet. Das wuchtige Bauwerk diente auch als wichtige Landmarke und wurde erst 1814 zum Leuchtturm ausgebaut.

▽ Zeichnung des kleinen hölzernen Leuchtturms auf Neuwerk, der von 1815 bis 1885 als Unterfeuer eine Richtfeuerlinie mit dem Oberfeuer auf dem mittelalterlichen Burgturm bildete.

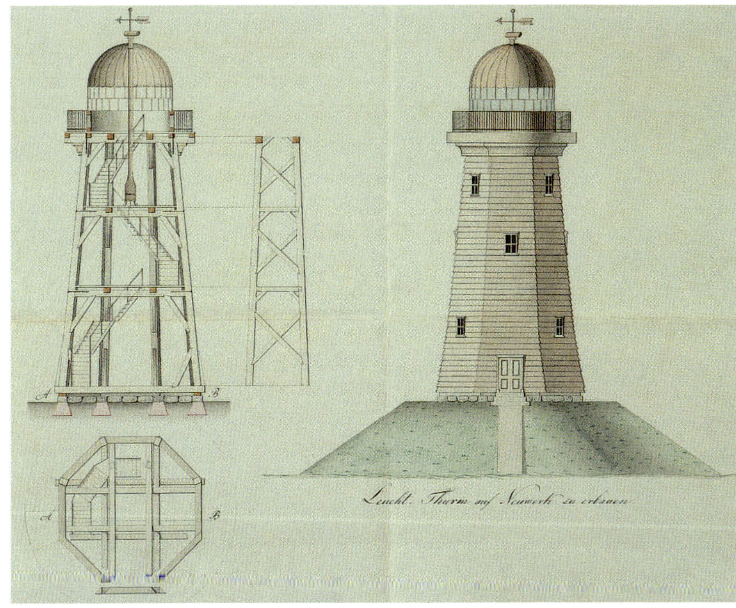

△ Hamburgs Ansprüche auf eine sichere Schifffahrt in der Elbmündung sind über dem Eingangstor des Leuchtturms Cuxhaven auf Latein in Stein gemeißelt. Übersetzt: Den Seefahrern zum Zeichen, sich selbst zum Denkmal, vom Staat Hamburg im Jahre 1803 erbaut.

◁ Der Leuchtturm Cuxhaven ist für seine Zeit ein erstaunlich schlichtes Bauwerk – der Architekt verzichtete auf jegliches Zierwerk. Am 15. November 1805 ist sein Leuchtfeuer in Betrieb genommen worden, und er war bis zu seiner Stilllegung 2001 eine wichtige Navigationshilfe an der Elbmündung.

◁◁ Obwohl Neuwerk 105 Kilometer Luftlinie vom Hamburger Stadtzentrum entfernt liegt, gehört die Insel zu ihrem Verwaltungsbereich, und der Leuchtturm ist das älteste profane Bauwerk der Stadt. 2014 wurde das Leuchtfeuer offiziell aus dem Leuchtfeuerverzeichnis gestrichen.

△ Im Zentrum der Deutschen Bucht hat die Hochseeinsel Helgoland eine große Bedeutung für die Navigation in der Nordsee. Der auf dem Helgoländer Oberland stehende 34 Meter hohe Leuchtturm zeigt ein Seefeuer. Seine Feuerhöhe beträgt 82 Meter, da die Höhe der roten Felsen, auf denen er steht, mitgezählt wird.

◁ 1936 entstand auf der Helgoländer Düne der letzte Leuchtturmbau der Isselburger Hütte. Zu der Produktpalette der Eisengießerei gehörten außer vorgefertigten gusseisernen Leuchtturmelementen aber auch ein gusseiserner Briefkasten für die Reichspost, der weit verbreitet war. Das 15 Meter hohe Oberfeuer auf der Helgoländer Düne wurde im Zweiten Weltkrieg stark beschädigt und 1952 wiederhergestellt.

▷ An keinem anderen Leuchtturm wird die Verbindung zwischen traditionellem Leuchtfeuer und elektronischen Navigationshilfen so deutlich wie am Leuchtturm Helgoland.

▷ Eine fotografische Chronik der Leuchttürme auf der Nordseeinsel Helgoland. Eine Steinkohlenblüse wurde 1811 von den damals englischen Inselherren durch einen Leuchtturm ersetzt, dessen komplette Laterne heute noch funktionsfähig auf dem Leuchtturm Staberhuk auf der Insel Fehmarn steht.

△ Nach einer Tauschaktion mit England gelangte Helgoland 1890 in den deutschen Hoheitsbereich. 1902 wurde auf der Insel der mit dem Leuchtturm Arkona baugleiche Deutsche Leuchtturm vollendet und 1945 während eines Bombenangriffes schon wieder zerstört.

◁ Ein Flakleitstand überstand Luftangriffe und Sprengungen auf der Insel. Er bildete den Kernbau des heutigen Leuchtturms und zeigte 1952 erstmals sein Leuchtfeuer.

▷ Im Hintergrund ragt über Dächer und Deich der Hafenstadt Büsum ein neuer Leuchtturm, für den im Oktober 1913 das unbewachte Fischerfeuer aus dem Leuchtfeuerverzeichnis gestrichen und gelöscht wurde. Die älteren der fotografierten Büsumer kannten noch den spektakulären Leuchtturm von Max Gere in Büsum. Dieser ließ 1900 ein 30 Meter hohes Eisengerüst mit Windrad für die Stromversorgung eines Leuchtfeuers bauen, das unterhalb des Rads sein Licht zeigte. Die weit über Büsum hinaus beachtete Konstruktion hat sich aber nicht bewährt. Max Gere erprobte in Büsum auch eine Leuchttonne, die durch die Wellenbewegung des Meeres elektrischen Strom erzeugte.

△ Die Hafenstadt Büsum an der schleswig-holsteinischen Westküste ist ein beliebter Badeort, sodass ihr rot-weißer und 22 Meter hoher Leuchtturm vielen Menschen vertraut ist, auch wenn er nicht besichtigt werden kann. Auch Reisende von und nach Helgoland passieren mit dem Schiff den Leuchtturm Büsum.

◁ Der Leuchtturm Büsum steht auf dem Tonnenhof Büsum, einer Außenstelle des Wasser- und Schifffahrtsamtes Tönning. Auf dem Tonnenhof werden unter anderem die schwimmenden Seezeichen ausgebessert und gewartet. Die nötigen Arbeiten auf See übernehmen Schiffe, die Tonnenleger genannt werden.

▷ Wie die Leuchttürme Westerheversand, Pellworm und Hörnum wurde auch der Leuchtturm Büsum aus vorgefertigten gusseisernen Elementen der Isselburger Hütte gebaut. Die Leuchtfeuereinrichtungen führten hingegen andere Unternehmen aus. Seit 1913 zeigt der Leuchtturm Büsum ein Orientierungsfeuer über der Nordsee. Seit 1952 ist der Leuchtturm rot-weiß gestrichen.

△
△ Mit dem tiefen Fahrwasser Süderpiep besitzt Büsum eine natürliche Passage durch die vorgelagerte Wattbarriere. Der »Leitstern« durch das Gewässer in der Nordsee ist die große Gürtellinse im Leuchtturm Büsum. Die Optik besitzt eine Brennweite von 700 mm für den Leitsektor Süderpiep und 400 mm für die anderen Sektoren.

△ Die Wendeltreppe des Leuchtturms Büsum endet im letzten Stockwerk des Turmschafts. Von dort aus gelangt man auf die Außengalerie oder über eine steile Treppe in die Laterne.

◁ Im Treppenaufgang und in den Stockwerken ist die Bauweise des Leuchtturms Büsum deutlich zu sehen. Der Leuchtturm besteht aus 55 Tonnen gusseiserner Teile, auch Tübbings genannt, von denen jedes 180 bis 200 Kilogramm wiegt.

▷ Auf der Halbinsel Eiderstedt an der schleswig-holsteinischen Westküste, nahe der Ortschaft Westerhever, steht der Leuchtturm Westerheversand. Zum Schutz vor Hochwasser wurde der Leuchtturm mit seinen beiden Wärterhäusern 1906/07 auf einer fünf Meter hohen Warft gebaut.

△
△ Die gusseisernen Elemente der Isselburger Hütte am Niederrhein sind bei dieser Innenaufnahme eines Zwischengeschosses im Leuchtturm Westerheversand deutlich zu sehen. Die Tübbings ermöglichten den Bau der Leuchttürme Pellworm, Hörnum und Westerheversand in Serie.

△ Als Lichtquelle im Leuchtturm Westerheversand dient in 41 Meter Höhe eine Xenon-Hochdrucklampe mit einer Reservelampe gleichen Typs.

◁ Der Blick in die Laterne des Leuchtturms Westerheversand bleibt den Besuchern zwar verschlossen, der Turm selbst kann aber besichtigt werden.

◁◁ 1979 verließ der letzte Leuchtfeuerwärter von Westerheversand, Heinrich Geertsen, den Turm. Er bediente noch eine Bogenlampe, seitdem ist das Leuchtfeuer automatisiert und fernüberwacht. Die Wärterhäuser werden heute als Naturschutzstation des Nationalparks Wattenmeer genutzt.

△
△ 1907 wurde der Leuchtturm Pellworm in Betrieb genommen und 1977 automatisiert. Ein Präzisionssektoren-Leitfeuer und zwei Quermarkenfeuer leiten heute die Schifffahrt in den Fahrrinnen an der Insel.

△ Pellworm ist eine von der Landwirtschaft geprägte Insel, der Leuchtturm zeugt jedoch von der Nähe zur Nordsee.

▷ Im April 1611 stürzte der 52 Meter hohe Kirchturm der alten Kirche auf Pellworm ein. Er war eines der höchsten Bauwerke der Region und damit eine wichtige Tagessichtmarke. Die 26 Meter hohe Ruine erfüllt immer noch diese Aufgabe.

▷▷ Zu den legendären gusseisernen Leuchttürmen der Isselburger Hütte am Niederrhein gehört auch der Leuchtturm Pellworm auf der gleichnamigen Insel.

△ Im Herzen des Leuchtturms Amrum: Der 2,70 Meter hohe Linsenapparat mit 16 Fresnel-Linsenfeldern ist seit 1875 in Betrieb und zeigt ein Seefeuer.

◁ Der Leuchtturm Amrum ist 41 Meter hoch, wobei die Feuerhöhe, dank einer Düne auf der er steht, 63 Meter und die Nenntragweite des Feuers 23 Seemeilen beträgt. Seine Ausstrahlung reicht jedoch weiter als sein Licht.

◁◁ Sonnenuntergang auf der Insel Amrum. Wenig später wird die große Scheinwerferlinse mit dem Licht einer Halogen-Metalldampflampe zum strahlend hellen Stern über den Dünen der nordfriesischen Inseln.

△
△ Unter der Laterne war früher der Wachraum für die Leuchtfeuerwärter, seit 1984 ist der Leuchtturm Amrum jedoch automatisiert.

△ Die Strahlen des Leuchtturms Amrum wandern über die Dünen der Insel und streifen den Horizont, wo die Lichter der Insel Sylt wahrzunehmen sind. Die Aufnahme wurde von der Besuchergalerie des Leuchtturms gemacht. Der strahlenförmige Lichtkranz des Leuchtfeuers wird dabei durch ein Weitwinkelobjektiv verzerrt, sodass die Strahlen auf dem Foto parallel wirken.

△ △ Der Leuchtturm Amrum erfüllt alle Vorstellungen, die man von einem Leuchtturm an der Nordsee haben kann: auf einer Düne stehend, hoch in den Himmel ragend und jedem Wetter trotzend.

△ Nur vom Strand aus oder über einen langen Bohlenweg durch die Dünen ist das Leuchtfeuer Norddorf zu erreichen. Die Berliner Firma Julius Pintsch lieferte 1906 das eiserne Bauwerk und die komplette Leuchtfeuereinrichtung.

▷ Als Lichtquelle diente anfangs Blaugas-Glühlicht, und in den 30er-Jahren des 20. Jahrhunderts kam elektrischer Strom zum Einsatz. Das acht Meter hohe Bauwerk mit einer Feuerhöhe von 22 Metern zeigt ein Leit-, Orientierungs- und Quermarkenfeuer.

◁ Der kleine Turm stand von 1939 bis 1979 auf der Hörnumer Odde und diente als Unterfeuer. Er wurde vom »Blanken Hans«, wie man die Nordsee auch nennt, unterspült und nicht mehr ersetzt.

▽ Hörnum, an der Südspitze der Insel Sylt, ist mit der Errichtung des Leuchtturms 1906/07, einer 153 Meter langen Anlegebrücke und dem Eisenbahnanschluss nach Westerland zum Hafen für den aufkommenden Inseltourismus geworden.

▽▽ Von Anfang an wurde der Leuchtturm Hörnum elektrisch betrieben – hier ein Blick in das Untergeschoss des Leuchtturms mit dem Notstromaggregat.

△ Der Leuchtfeuerwärter Hans Rossberg 1927 in der Wachstube des Leuchtturms Hörnum, der seit 1974 automatisiert ist. Er liegt im Verwaltungsbereich des Wasser- und Schifffahrtsamtes Tönning.

▷ Wartung der Lichtquelle im ehemaligen Unterfeuer des Leuchtturms Hörnum.

▷▷ Der Leuchtturm Hörnum wurde auf Initiative des Hamburger Reeders Alfred Ballin errichtet. Der 34 Meter hohe gusseiserne Turm der Isselburger Hütte ist seit 1907 in Betrieb und beherbergte offiziell von 1927 bis 1933 die kleinste Schule Deutschlands mit einem Lehrer und zwei Schülern.

◁ Blick in den oberen Teil der begehbaren Fresnel-Linse, die aus Frankreich stammt.

▽ Die Initialen des dänischen Königs Frederik VII. am unteren Turmschaft.

▽
▽ Roter Sektor in der Laterne des Leuchtturms Kampen.

△ Bereits 1875 musste das Mauerwerk des Leuchtturms Kampen mit Eisenringen stabilisiert werden.

◁ Weißer Turm mit schwarzer Binde – weithin sichtbar über der Insel Sylt ist die Tageskennung des Leuchtturms Kampen. Schwarzes Fell mit weißer Bauchbinde ist das Merkmal der Belted Galloways, die stilsicher auf einer Weide davor grasen.

◁◁ Der Blick von der Sylter Uwe-Düne auf den Leuchtturm Kampen macht den politischen und gesellschaftlichen Wandel deutlich: Noch unter dänischer Herrschaft 1855 auf freiem Feld gebaut, steht der Leuchtturm heute zwischen Nobelgrundstücken und einem Golfplatz.

△ Nahe der Einfahrt zum Lister Tief liegt eine Sandbank, vor der das kleine Leuchtfeuer Rotes Kliff warnen sollte. 1912/13 auf einer Düne gebaut, wurde sein Leuchtfeuer 1975 gelöscht, und der südöstlich gelegene Leuchtturm Kampen übernahm mit einem roten Warnsektor die Aufgabe.

◁◁ Seit seiner Stilllegung ist der gepflegte Turm ohne Leuchtfeuereinrichtung im Besitz der Gemeinde Kampen.

◁ Bronzetafel mit den Daten des Leuchtfeuers Rotes Kliff.

▷ In der Dünenlandschaft des Sylter Ellenbogens steht Deutschlands nördlichster Leuchtturm List West, der am 1. Januar 1858 in Betrieb genommen wurde. Er dient als Quermarkenfeuer und zusammen mit dem ca. drei Kilometer entfernten Leuchtturm List Ost als Leit- und Orientierungsfeuer.

▽ Gürtellinse mit farbigen Sektoren in der Laterne des Leuchtturms List West.

△ ◁ Als 1858 der erste Arbeitstag für den Leuchtfeuerwärter auf dem Leuchtturm List West begann, gab es noch kein elektrisches Licht im Turmschaft. Auch war die Wendeltreppe eine andere, allerdings konnte man die raffinierte Ausstiegsluke zur Außengalerie schon nutzen.

▷ Der Leuchtturm List West gehört zusammen mit List Ost zu den ältesten Eisentürmen an der deutschen Nordseeküste. Neben ihm steht eine Bake, die von See aus gesehen die Grenzlinie zwischen Deutschland und Dänemark markiert.

△
△ In der Laterne des Leuchtturms List Ost. Die Feuerhöhe beträgt 22 Meter und die Nenntragweite im weißen Sektor 14 Seemeilen.

△ Von der Außengalerie des Leuchtturms List Ost zeigt sich die schöne Dünen- und Strandlandschaft des Lister Ellenbogens, allerdings kann der Turm nicht besichtigt werden.

▷ Der frisch gestrichene Leuchtturm List Ost glänzt im Abendlicht, während eine Fähre auf dem Weg in die dänische Hafenstadt Havneby ist.

AN BUCHTEN, BODDEN UND KREIDEFELSEN

LEUCHTTÜRME AN DER OSTSEEKÜSTE

Auf der Ostseeinsel Rügen, am Kap Arkona, bekommen alle Leuchtturmenthusiasten glänzende Augen, da hier gleich zwei Leuchttürme nebeneinander stehen. Zum einen der alte Turm, nach dem berühmten deutschen Architekten Karl Friedrich Schinkel (1781 bis 1841) auch »Schinkelturm« genannt, und zum anderen der große Leuchtturm Arkona. Diese beiden Leuchttürme sind ein besonders prägnantes Beispiel dafür, dass Leuchttürme nicht nur ein Symbol für Weite, Wind und Meer, sondern auch Denkmäler der wirtschaftlichen und politischen Interessen eines Landes oder einer Region sind.

Das erste Leuchtfeuer auf der Insel Rügen brannte allerdings nicht am Kap. Von 1648 bis 1815 befand sich Rügen unter schwedischer Herrschaft, wobei zwischen Ystad und Stralsund auf einer Nord-Süd-Route eine Seepostlinie bestand. Bei ungünstigem Wetter diente die zu Rügen gehörende Halbinsel Bug als Zwischenstation, auf der an einem 1684 erbauten Posthaus eine Leuchte stand und Schiffen den Weg zum Anleger der Poststation wies. Nachdem die Region 1815 den Preußischen König zum Landesherrn bekam, förderte dies den Seehandel auf einer West-Ost-Route zwischen Travemünde und der Danziger Bucht. Jedoch gab es auf dieser Linie einen weiten, dunklen Küstenabschnitt mit gefährlichen Landzungen, Kaps und Inseln, weswegen sich die Preußische Regierung entschied, den ersten Leuchtturm auf der Insel Rügen am Kap Arkona zu bauen. Ein Entwurf, der sich an den Leuchttürmen Travemünde, Memel und Pillau orientierte, wurde als zu teuer abgelehnt, und auch ein zweiter Entwurf fiel dem Rotstift zum Opfer. Erst am 5. Mai 1826 wurde der Grundstein zu dem rechteckigen 21 Meter hohen Backsteinturm gelegt. Ob der Entwurf zu dem heute denkmalgeschützten Leuchtturm tatsächlich von Karl Friedrich Schinkel, dem Oberlandesbaudirektor Preußens, stammte, ist nicht eindeutig zu klären. Eine Bauzeichnung trägt zwar seine Unterschrift, diese kann aber auch als administrative Signatur gedeutet werden.

Bei der Inbetriebnahme am 1. Januar 1828 erfüllte ein Reverberen-Leuchtapparat mit 17 Parabolscheinwerfern den Standard modernster Leuchtfeuertechnik auf dem Kap Arkona. Später kamen noch sechs Parabole hinzu, und das Leuchtfeuer erreichte nun eine Tragweite von ungefähr 10 Seemeilen.

Schon früh erkannten Handel und Militär die strategisch günstige Lage von Rügen. Es wurde über einen »Arcona-Hafen« nachgedacht, und am Kap sähe es heute anders aus, hätte man die im Berliner Architekturmuseum aufbewahrten Baupläne von 1868 tatsächlich verwirklicht: Hinter zwei langen Molen und einem 18 Meter hohen Leuchtturm mit Lotsenhaus zeigen diese Pläne eine große Hafenanlage mit Gleisanschluss nach Stralsund.

In den darauffolgenden Jahren kündigten immer häufiger dunkle Rauchwolken am Horizont eine neue Ära im Schiffsverkehr an. Dampfschiffe waren schnell und fuhren jetzt auch bei schlechtem Wetter und in mondlosen Nächten an der Küste des Deutschen Kaiserreiches entlang. Nach der Reichsgründung von 1871 wurden die Pläne einer ineinandergreifenden Feuerkette an den deut-

◁ 37 Meter hoch ragt der Leuchtturm Flügge am Südwesthuk der Insel Fehmarn in den Abendhimmel.

schen Küsten umgesetzt, mit Leuchttürmen, deren Tragweiten 20 Seemeilen betragen sollten. Neben dem Schinkel-Turm entstand von 1901 bis 1902 ein neuer Leuchtturm, der 1905 in Betrieb genommen wurde. Den neuesten technischen Stand verkörperte in jener Zeit unter anderem eine elektrisch betriebene Schnellblinkfeueranlage. Drei Sauggasmotoren sorgten für die nötige Energie am Kap Arkona, um Bogenlampen im Brennpunkt von Fresnel-Linsen zum Leuchten zu bringen. Das Laternenhaus auf dem Turm stammte von der Isselburger Hütte am Niederrhein.

Von dem insgesamt 35 Meter hohen Turm, mit einer Feuerhöhe von 75 Metern über dem Meeresspiegel, zeigte sich von nun an besonders eindrucksvoll das ewige Farbenspiel des Meeres. Was für ein Kontrast zu der Geschichte der nachfolgenden Jahrzehnte! Unter den kreisenden Strahlen des Leuchtturms hatte sich nicht nur am Kap Arkona mehrmals die Welt verändert. Im geteilten Deutschland unterstanden die Leuchttürme der ehemaligen DDR dem Seehydrographischen Dienst (SHD), der 1956 in die Seestreitkräfte integriert wurde. Bereits 1977 erfolgte die Automatisierung des Leuchtturms, und der letzte Leuchtfeuerwärter verließ das Kap. Seit der Wiedervereinigung Deutschlands werden die Leuchttürme der Region von dem Wasser- und Schifffahrtsamt Stralsund verwaltet und betreut.

Leuchttürme sind Denkmale einer bewegten Zeitgeschichte. Ob kleiner oder wuchtiger Bau – die Leuchttürme an der Ostseeküste gilt es zu bewahren, damit sie ein Teil der maritimen Geschichte Deutschlands bleiben.

▷ Wegen nautischer Veränderungen musste das Leuchtfeuer des Leuchtturms Falshöft 2002 gelöscht werden, das seit 1910 in seiner Laterne brannte. Er diente als Quermarken- und Orientierungsfeuer und wies mit seinem weißen Leitsektor den Schiffen den Weg aus der Flensburger Förde.

▷▷ Zwischen der Geltinger Bucht und der Schlei steht der Leuchtturm Falshöft. Er ist 24 Meter hoch und der einzige gusseiserne Leuchtturm der Isselburger Hütte an der deutschen Ostseeküste.

△ Die Isselburger Hütte berechnete für den 1908/09 gebauten Leuchtturm 90 000 Mark (heute ca. 450 000 Euro). Die Lichtanlage der Firma Pintsch aus Fürstenwalde an der Spree kostete zusätzlich 30 000 Mark (heute ca. 150 000 Euro).

▷ Wie bei allen Leuchttürmen mit einer Fresnel-Linse musste auch beim Leuchtturm Falshöft die Lichtquelle genau im Brennpunkt der Optik stehen, um einen optimalen Wirkungsgrad zu erzielen.

1871

△ Die Schlei gehört zu den beliebtesten Segelrevieren an der schleswig-holsteinischen Ostseeküste. Schon die Wikinger kannten die über 40 Kilometer ins Land hineinreichende Bucht. Erst der Bau von zwei Molen 1842 konnte das Versanden der Schleimündung dauerhaft verhindern.

△ Über dem alten Mauerwerk erhielt der Leuchtturm im unteren Bereich eine Lage Sielbau-Ziegelsteine, die besonders hart und witterungsbeständig sind.

◁ Seit seiner Erbauung im Jahre 1871 erhielt der Leuchtturm Schleimünde rekordverdächtige acht Mal eine neue Fassade und damit jedes Mal eine neue Tageskennung. Die Umbauarbeiten für die grün-weiße Bänderung wurden im Juni 2015 auf der sogenannten Lotseninsel abgeschlossen, die von Kappeln aus mit Ausflugsschiffen zu erreichen ist. Die Innenräume des Leuchtturms sind jedoch nicht zu besichtigen.

△ Im Brennpunkt einer Gürtellinse des Leuchtturms Schleimünde befinden sich vier Halogenlampen, von denen eine genutzt wird und drei in Reserve stehen.

△
△ In der Nähe einer ehemaligen Feuerschiffposition steht der Leuchtturm Kiel seit 1967 auf einer künstlichen Insel in der Kieler Außenförde. Die Betoninsel dient auch als Lotsenstation.

△ Der Leuchtturm Kiel hat eine Feuerhöhe von 29 Metern und zeigt ein Leit-, Orientierungs- und Quermarkenfeuer.

▷ Für die Kennung des Leuchtturms Kiel dreht sich eine Umlaufblende um die 101 cm hohe Gürtellinse.

▷▷ Kurz nach Sonnenuntergang wird aus dem eher unscheinbaren Leuchtturm Bülk an der westlichen Landspitze zur Kieler Förde ein über dem Bülker Huk strahlendes Seezeichen.

△
△ Bereits 1815 soll auf dem Bülker Huk ein Leuchtfeuer gebrannt haben, und 1865 wurde dann nördlich von Strande an der Kieler Außenförde der Leuchtturm Bülk in Betrieb genommen. Im Volksmund wird er liebevoll »Hein Bülk« genannt, und er zeigt ein Leit- und Quermarkenfeuer.

△ An der schmalsten Stelle der Kieler Förde, der Friedrichsdorfer Enge, standen für kurze Zeit auf einer Sandbank zwei Leuchttürme nebeneinander. Von dem 1866 errichteten und 1971 außer Dienst gestellten Leuchtturm ist heute nur noch der Sockel zu sehen. Von 1969 bis 1971 entstand der neue Leuchtturm Friedrichsort, dessen Feuerhöhe von 32 Metern mehr als doppelt so hoch wie die des alten Turms ist.

◁ Die Laterne des alten Leuchtturms Friedrichsort steht als maritimtechnisches Denkmal im Kieler Stadtteil Friedrichsort.

◁ Tympanon über dem Eingangsbereich zur Drei-Kaiser-Halle am Leuchtturm Kiel Holtenauer Schleusen Nord. Das Relief des Bildhauers Ernst Herter zeigt die Begegnung der Meerjungfrauen Nord- und Ostsee mit den Leuchttürmen Kiel Holtenauer Schleusen Nord und Brunsbüttel im Hintergrund.

▽ Feierliche Eröffnung des Kaiser-Wilhelm-Kanals am 21. Juni 1895 und die Inbetriebnahme des Leuchtturms Kiel Holtenauer Schleusen Nord.

△ Um von der Kieler Förde aus die nächtliche Einfahrt in den Kaiser-Wilhelm-Kanal, heute Nord-Ostsee-Kanal, zu erleichtern, wurden 1895 zwei Einfahrtsfeuer errichtet. Der 20 Meter hohe Leuchtturm Kiel Holtenauer Schleusen Nord wurde auf einem Hügel aus Aushubmaterial des Kanals errichtet und ist ein architektonisches Kabinettstück aus wilhelminischer Zeit.

◁ Mehrere Gedenktafeln zieren den Leuchtturm Holtenauer Schleusen Nord. So erinnert die Tafel für Kaiser Wilhelm II. an seine Anwesenheit bei der Eröffnung des Kanals am 21. Juni 1895, und innen über der Eingangstür der Drei-Kaiser-Halle prangen der Kaiseradler und unter anderem das Relief von Kaiser Friedrich III., dessen Regentschaft nur 99 Tage dauerte.

△ Die kunstvoll geschmiedete Tür zur Drei-Kaiser-Halle ist eine Zierde, und auch die Beschläge der Treppentür zur Laterne zeigen Liebe zum Detail.

▷ Der Leuchtturm Holtenauer Schleusen Nord verfügt über eine Gürteloptik und zeigt ein unterbrochenes Feuer. Mit einem grünen Sektor, der von weißen Sektoren flankiert wird, kennzeichnet der Leuchtturm die Steuerbordseite der Kanaleinfahrt.

▷▷ Blick in die achteckige Drei-Kaiser-Halle, in der auch standesamtliche Trauungen stattfinden. In ihr wird an die drei deutschen Kaiser erinnert, die während des Kanalbaus von 1887 bis 1895 herrschten: Wilhelm I., Friedrich III. und Wilhelm II.

SEINER MAJESTAET
KAISER FRIEDRICHS III.
VERGOENNTE IHM NICHT
DIE VOLLENDUNG DES WERKES
ZU SCHAUEN.

SEINE MAJESTAET
KAISER WILHELM II.
LEGTE BEI DER FEIERLICHEN EROEFFNUNG DES KANALS
AM 21. JUNI 1895
DEN GRUNDSTEIN FUER DAS AUF DIESEM HUEGEL
ERRICHTETE STANDBILD
SEINER MAJESTAET
KAISER WILHELMS DES GROSSEN
UND BEGLEITETE SEINE HAMMERSCHLAEGE MIT DEN WORTEN:
„ZUM GEDAECHTNISS
KAISER WILHELMS I. DES GROSSEN
TAUFE ICH DICH
KAISER WILHELM-KANAL
ZUM RUHME DES DEUTSCHEN REICHS
ZUR WOHLFAHRT ALLER NATIONEN"

△ Mit dem Bau des 40 Meter hohen Leuchtturms Neuland bei Behrensdorf wurde 1918 eine Seezeichenlücke zwischen der Kieler Förde und dem Fehmarnsund geschlossen, wobei bei der Planung auch militärisch-strategische Gründe eine Rolle spielten. Veränderungen der Schifffahrtswege führten 1999 dann zwar zur Stilllegung des Leuchtfeuers, allerdings nutzt die Bundeswehr den Leuchtturm noch als Träger für ein optisches Warnsignal bei Schießübungen auf dem nahegelegenen Truppenübungsplatz.

▷ Nach der Elektrifizierung des Leuchtturms Neuland machten Alarmglocken im Wohnhaus der Leuchtfeuerwärter auf eine Störung aufmerksam. Nachtschichten zur Kontrolle des Leuchtfeuers waren daher bis zur vollständigen Automatisierung 1982 nicht mehr erforderlich – dies gilt auch für andere Leuchttürme.

▷▷ Nicht nur die Stürme der Geschichte hat der Leuchtturm Neuland gut überstanden – auch heftige Gewitter können ihm kaum etwas anhaben.

▷ Heiligenhafen sollte das besiedelte Hinterland an den Seehandel anschließen, wobei der Ort inzwischen aber seine Bedeutung als Warenumschlagsplatz verloren hat. Fischerei und vor allem Fremdenverkehr und Sportschifffahrt prägen heute das Bild. Ein 1907 errichteter kleinerer Leuchtturm wurde 1938 durch den 19 Meter hohen, viereckigen Turm aus Mauerwerk und einer Verblendung aus Ziegelsteinen ersetzt.

▽ Der weiße Leitsektor in der Laterne des Leuchtturms Heiligenhafen dient für die Zufahrt in den Hafen. Das gefährliche Großenbroder Steinriff wird durch den roten Sektor markiert, während der grüne Sektor die Untiefe Graswarder kennzeichnet.

▷ Eine stille Wachablösung auf der Insel Fehmarn: 30 Minuten nach Sonnenaufgang wird das automatisierte und ferngesteuerte Feuer auf dem Leuchtturm Westermarkelsdorf gelöscht. Nun ermöglicht wieder das Tageslicht die Orientierung bis zum Horizont.

◁▽ Ein- und Ausblicke im Leuchtturm Heiligenhafen: Der schwungvolle Treppenaufgang könnte von einem Designer stammen, während der Blick in die schwarz gestrichene Laterne die 72 cm hohe Gürtellinse mit einer Brennweite von 250 mm und einer Glühlampe mit 250 Watt zeigt.

P

△
△ Der 1882 in Betrieb genommene Leuchtturm Westermarkelsdorf dient als Orientierungsfeuer und kennzeichnet mit roten und weißen Sektoren Abschnitte des Kiel-Ostsee-Wegs sowie eine westlich von Fehmarn gelegene Untiefe.

△ Die heutigen Leuchtturmlaternen, also verglaste zylindrische Gehäuse mit einer Kuppel oder einem Spitzdach, wurden schon vor 1800 in Frankreich und England verwendet. Die Laterne des Leuchtturms Westermarkelsdorf folgt dem bewährten Prinzip. Ihre Gürtellinse hat eine Brennweite von 250 mm und ist seit 1924 in Betrieb.

▷ Mit ca. 75 Stufen bis zur Laterne hatten die Wärter im Leuchtturm Westermarkelsdorf einen »leichten« Arbeitsplatz verglichen mit den 320 Stufen im Leuchtturm Campen an der Unterems.

△ Der achteckige gelbe Leuchtturm Westermarkelsdorf mit aufgesetzter roter Laterne und Galerie steht an der Nordwestecke der Insel Fehmarn. Er wurde 1881/82 erbaut und war ursprünglich nur um die 10 Meter hoch. Die Aufstockung auf das heutige Maß von 17 Meter erfolgte 1902.

◁ Für die Leuchtfeuerwärter muss Westermarkelsdorf auf Fehmarn das Ende der Welt gewesen sein, denn es war damals eine karge Region, wie man auf dem Foto, das um 1902 entstanden ist, erkennen kann.

△
△ Gürtellinse in der Laterne des 37 Meter hohen Leuchtturms Flügge; rechts unten im Bild ist die Öffnung für das Oberfeuer zu sehen. Die Feuerhöhe beträgt 38 Meter, da das Bohlenniveau mitzählt.

△ Wendeltreppe in dem 2011 renovierten Leuchtturm Flügge.

▷ Der zu besichtigende Leuchtturm Flügge ist ein beliebtes Ausflugsziel auf der Insel Fehmarn. Der auch als Tagesmarke weithin sichtbare Leuchtturm dient als See- und Orientierungsfeuer, außerdem bildet er mit dem kleinen Leuchtturm Strukkamphuk, nahe der Fehmarnsund-Brücke, eine Nordwest-Richtfeuerlinie für die enge Passage zwischen dem Festland und der Insel.

△ Jahrzehntelang diente den Seeleuten das Flügger Holz, eine markante Baumgruppe im Westen der Insel Fehmarn, zur Positionsbestimmung. Als die Baumgruppe abstarb und zudem die nächtliche Schifffahrt zunahm, wurde 1872 ein 16 Meter hoher Leuchtturm errichtet. 40 Jahre später genügte dieser Leuchtturm allerdings nicht mehr den nautischen Anforderungen.

▷ Der neue Leuchtturm Flügge wurde 1915 vollendet. 2013 würdigte ihn die Deutsche Post mit einer 45-Cent-Briefmarke in der Serie »Deutsche Leuchttürme«.

▷▷ Noch unter dänischer Herrschaft wurde 1832 der Leuchtturm Marienleuchte (heute »Marienleuchte, alter Turm«) eingeweiht. Der Name geht auf die dänische Königin Maria Sophie Friederike, Gattin von König Frederik VI., zurück. 1967 löste eine 33 Meter hohe Betonsäule den alten Leuchtturm als Navigationshilfe im Fehmarnbelt ab. Auch dieser Turm trägt den Namen Marienleuchte.

△▷ Auf der Südostspitze der Insel Fehmarn zeigt seit 1904 der Leuchtturm Staberhuk sein Licht. Das Haus für die Leuchtfeuerwärter war mit dem Leuchtturm durch einen kurzen Flur verbunden, und ein an das Haus angrenzender Stall steht auch heute noch dort. Ursprünglich war der Turm aus gelben Ziegelsteinen errichtet worden, die sich aber auf der Wetterseite als nicht witterungsbeständig herausstellten und gegen härtere rote Backsteine ausgetauscht wurden. An der Ostseite des Turms sind aber noch Reste des alten Mauerwerks zu sehen.

▷▷ Der 22 Meter hohe Leuchtturm Staberhuk ist einer der bemerkenswertesten Leuchttürme an der Ostseeküste, denn er trägt jene Fresnel-Linse, die schon vom englischen Leuchtturm auf Helgoland zwischen 1875 und 1904 ein weithin sichtbares Leuchtfeuer bündelte. Außerdem diente er als Motiv für den weltweit bekannten Künstler Ernst Ludwig Kirchner, der vor dem Ersten Weltkrieg mehrmals am Leuchtturm wohnte und malte.

△ Um die Abschattung eines Leuchtfeuers auf einer Linie zu vermeiden, wird die Verglasung von Leuchtturmlaternen überwiegend mit schrägen Sprossen stabilisiert.

▷ Wie bei vielen Leuchttürmen trennt die Galerie des Leuchtturms Staberhuk den Turmschaft von der Laterne. Sie ist nicht für Besucher freigegeben und dient vor allem dazu, die Verglasung zu reinigen.

△ Die Drehbewegung für die Kennung des Leuchtturms Staberhuk mittels kreisender Lamellen um die Optik wurde durch einen Gewichtsantrieb, vergleichbar mit dem Uhrwerk und Zuggewicht einer Standuhr, erzeugt. Eine Reliquie vergangener Tage ist die Kurbel, mit dem das »Uhrwerk« bis 1974 aufgezogen wurde, obwohl das Leuchtfeuer bereits 1928 einen Stromanschluss erhielt.

◁ Das Zuggewicht zum Antrieb des »Uhrwerkes« für die Drehbewegung der Leuchtfeuerkennung.

▷ Zwischen den Ostseebädern Dahme und Kellenhusen steht der Leuchtturm Dahmeshöved, wobei »Höved« auf eine Erhöhung im Gelände hinweist. Am 1. Februar 1880 ging er in Betrieb, und sein Seefeuer erleichterte die Orientierung in der Lübecker und Mecklenburger Bucht. In der Nähe des Turms stand viele Jahre eine Nebelschallanlage, die heute jedoch abgebaut ist.

◁ Der Leuchtturm Dahmeshöved um 1900.

△ Neben dem Leuchtturm Dahmeshöved steht ein 1939 gebauter Marinebeobachtungsturm, der heute privat genutzt wird.

△ Auf einer 90-Cent-Sonderbriefmarke der Deutschen Post wurde der Leuchtturm Dahmeshöved 2011 aus dieser Perspektive abgebildet.

△ Die blaue Stunde kurz nach Sonnenuntergang vor dem Hereinbrechen der Nacht ist auch die Stunde der Leuchttürme. Noch reicht das Tageslicht aus, um die Architektur zu erkennen, aber ihr Leuchtfeuer erreicht schon die notwendige Tragweite. Am Ufer von Pelzerhaken konkurrieren das Leuchtfeuer und die Promenadenbeleuchtung miteinander.

◁ »Der Mond ist aufgegangen und der Leuchtturm Dahmeshöved funkelt still und hell«, so könnte die erste Zeile eines noch zu verfassenden Gedichtes lauten. Die Aufnahme entstand mit einem 200–400 mm Teleobjektiv.
Während der deutschen Teilung hatte es immer wieder mutige Menschen gegeben, die eine Flucht über die Ostsee gewagt hatten. Für einige von ihnen war der Leuchtturm Dahmeshöved das Leitfeuer an die Küste Schleswig-Holsteins.

▷▷ Seit 1937 zeigt der Leuchtturm Pelzerhaken von einem 19 Meter hohen Turm ein Orientierungsfeuer mittels einer Gürtellinse, deren Feuerhöhe 21 Meter beträgt. Sein heutiges Aussehen geht auf einen Umbau aus dem Jahre 1936 zurück.

▷ Auf einer Landzunge unweit von Neustadt in Holstein, das damals der südlichste Hafen des dänischen Herrschaftsbereiches war, entstand bereits 1842/43 ein Leuchtturm. Die historische Aufnahme des ehemals zwölf Meter hohen Turms entstand 1895.

△ Tosende Brandung sieht man in der Lübecker Bucht aufgrund ihrer Topografie eher selten, dafür kann man beim Leuchtturm Pelzerhaken die Stille am frühen Morgen genießen.

▷ In der Laterne des Leuchtturms Pelzerhaken markiert ein roter Warnsektor die Untiefe Steinriff.

◁ Vor der Einführung des Seefunks wurden von manchen Leuchttürmen aus ankommende Schiffe gesichtet und den Lotsen mitgeteilt – dies war auch bei dem alten Leuchtturm in Travemünde der Fall. Das historische Foto mit dem Leuchtturm und den Travemünder Lotsen zeigt diese Symbiose.

△ Seit 2013 steht auf der Nordmole in Travemünde ein neues, zwölf Meter hohes Molenfeuer mit einer grün-weißen Tageskennung. Sein Leuchtfeuer bezeichnet die Einfahrt in die Trave und warnt vor der Untiefe am Brodtener Ufer. An gleicher Stelle stand zuvor Deutschlands einziger Leuchtturm, der im wahrsten Sinne des Wortes tatsächlich leuchtete. Möglich war dies durch zwei breite Binden Glasbausteine im Turmschaft, hinter der je eine Lichtquelle brannte.

◁ Travemünde an der Lübecker Bucht ist Standort des ältesten Leuchtturms Deutschlands, der von holländischen Maurern ohne Gerüst errichtet wurde und von 1539 bis 1974 in Betrieb war. Ein direkt daneben gebautes Hochhaus verdeckte sein Leuchtfeuer und ist seit 1974 selbst ein Leuchtfeuerträger.

◁ Deutschlands höchstes Leuchtfeuer steht auf einem Hotel- und Appartementhochhaus in Travemünde. Der utopisch anmutende Leuchtapparat zeigt in 115 Meter Höhe ein Orientierungsfeuer mit vier Parabolscheinwerfern, von denen zwei brennen und zwei in Reserve mitlaufen. Damit der Sichtkontakt von See aus mit dem Leuchtfeuer in der Dunkelphase nicht abbricht, ist zusätzlich noch eine Gürtellinse mit einem festen Feuer in Betrieb.

△
△ Am 1. Oktober 1872 übernahm der Leuchtturm Timmendorf auf der Insel Poel vor Wismar seine Aufgabe und zeigte zuerst aus 18 Metern Höhe sein Leuchtfeuer. 1930/31 wurde der Turm um drei Meter erhöht.

△ Das Leit- und Quermarkenfeuer hat im weißen Sektor 16, im roten 12 und im grünen 11 Seemeilen Tragweite.

▷ Der Leuchtturm steht am kleinen Hafen von Timmendorf so nahe am Hafen, dass sein Spiegelbild auf dem Wasser auch den roten und weißen Sektor erkennen lässt.

▷▷ Die Architektur des Leuchtturms Timmendorf ist nicht nur zweckdienlich, sondern auch ästhetisch.

▽ Der Blick in einer Abendstunde zur Laterne lohnt sich vom Vorplatz des Leuchtturms Buk bei Bastorf, in der Nähe von Kühlungsborn, nicht nur für Leuchtturmliebhaber. Aus dieser geringen Entfernung wird der Betrachter nicht von einem Lichtstrahl geblendet, sondern erlebt die Scheinwerferlinse als einen riesigen funkelnden Brillanten.

△ Auch der Leuchtturm Buk besitzt mit seinem Scheinwerfer ein Meisterwerk aus Linsen und Prismenringen. Da es kaum noch Firmen gibt, die über das Know-how verfügen, große Fresnel-Linsen zu fertigen, gilt diese Optik als Rarität.

◁ Am Leuchtturm Buk lässt sich der Begriff der Feuerhöhe gut erklären: Auf dem 78 Meter hohen Bastorfer Berg steht der 21 Meter hohe Leuchtturm, aber da sich die Lichtquelle nicht direkt auf der Turmspitze befindet, beträgt die Feuerhöhe 95 Meter.

▷ Die Ostseeküste von Mecklenburg-Vorpommern wird nicht nur durch ihre schönen Leuchttürme, sondern auch durch Rapsfelder geprägt.

△ Die Feuerhöhe der beiden Molenfeuer in Warnemünde beträgt 14 Meter und die Nenntragweite sechs Seemeilen. Auch die Ostmole mit dem rot-weißen Turm kann zu Fuß erreicht werden, Ausgangspunkt ist die Yachthafenresidenz Hohe Düne.

◁ Abendstimmung an der West- und Ostmole in Warnemünde. Das zwölf Meter hohe grüne Westmolenfeuer mit einer weißen Binde wurde 1986 gebaut und steht seit einer Molensanierung von 1998 an seiner jetzigen Position. Der rot-weiße Turm auf der Ostmole ist eine Kopie des Westmolenturms und erst seit 1998 in Betrieb.

△ Zwischen Kreuzfahrtschiffen, Autofähren, Fischkuttern und Ausflugsfahrten ist noch Platz und Zeit für die Rückkehr einer kleinen Flotte Optimisten, mit denen Kinder und Jugendliche Segelunterricht erhalten.

△ Die beiden Molenfeuer in Warnemünde gehören zum sogenannten Lateralsystem. Von See kommende Schiffe sehen beim Einlaufen auf der rechten Seite ein Seezeichen mit grünem Steuerbordlicht und einer grünen Tageskennung. Auf der linken Seite wird rot gezeigt. Dieses System gilt für Europa, Australien, Neuseeland, Afrika und weite Teile Asiens (Region A). In Nordamerika, Südamerika, Japan, Korea und den Philippinen (Region B), ist die Kennung umgekehrt, also rechts rot, links grün.

△△ Die Galerien des Leuchtturms Warnemünde werden von rotem Wesersandstein getragen.

△ Bis zur ersten Galerie werden die Steine an der Leuchtturmfassade von grünglasierten Ziegeln unterbrochen.

◁ Ein Wappen mit dem Rostocker Greif und den Jahreszahlen der Bauzeit.

▽ Der Leuchtturm und das geschwungene Dach des »Teepotts«, in dem gastronomische Wünsche erfüllt werden, gehören zu den Wahrzeichen Warnemündes.

▷ Ein Blick in die Laterne des Leuchtturms Warnemünde.

▷▷ Nur 200 Meter vom Strand und mitten auf der Seepromenade steht der Leuchtturm Warnemünde.

1897 - 1898
al Faro

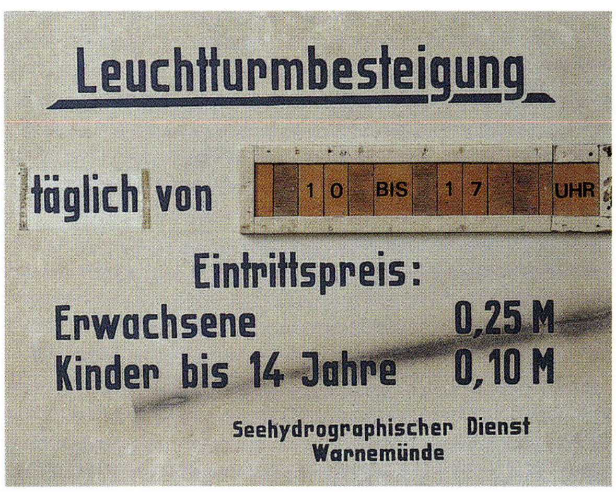

△ Ein Kutter der Produktionsgenossenschaft werktätiger See- und Küstenfischer Warnemünde läuft 1966 in seinen Heimathafen ein.

◁ Besucherinformationen auf einer Tafel, die bis 1980 am Leuchtturm Warnemünde hing. In der ehemaligen DDR war für die Leuchttürme der Seehydrographische Dienst zuständig, der 1956 mit der Bildung der Nationalen Volksarmee in die Streitkräfte der DDR integriert wurde.

▷ Wimpel für die Besatzung des Leuchtturms Warnemünde.

◁ Aus dem Erker im unteren Turmschaft des Leuchtturms Darßer Ort brannte bis 1914 ein festes Feuer, das vor den Sandbänken und Riffen zwischen dem Darß und der dänischen Küste warnte. Die Aufnahme ist ein rares fotografisches Dokument eines Reverberen-Leuchtapparates, der dort einmal stand.

▷ Der Leuchtturm Darßer Ort auf der Halbinsel Fischland-Darß-Zingst in der Nähe von Prerow wurde am 1. Januar 1849 in Betrieb genommen und ist damit der älteste noch betriebene Leuchtturm an der Küste Mecklenburg-Vorpommerns.

△
△ An der Scheinwerferoptik des Leuchtturms Darßer Ort wurden die oberen und unteren Prismenringe 1936 entfernt. Jalousien schützen die Optik vor direkter Sonneneinstrahlung.

△ Zwei Linsenfelder, von denen jede das Licht 20 Seemeilen weit trägt.

◁ Der Darß gehört zu den schönsten Landschaften an der Küste Mecklenburg-Vorpommerns. Aus dem geschützten Naturparadies ragt am Weststrand der Leuchtturm Darßer Ort über Dünen und Kiefernwälder.

▷ Im Kontrast zu der sich elegant um die Mittelröhre des Leuchtturms Darßer Ort windenden Treppe erinnert das Mauerwerk eher an einen robusten Burgturm.

△ Große Fresnel-Scheinwerferlinse in der Laterne des Leuchtturms Dornbusch im Norden der Insel Hiddensee.

△ Seinen weißen Anstrich erhielt der zuvor graue Leuchtturm 1994. Die Galerie ist für Besucher freigegeben.

◁ Der Leuchtturm Dornbusch ging 1888 in Betrieb. Über einem zwölfeckigen Sockel ragte ein runder Ziegelsteinturm mit einer Feuerhöhe von 95 Metern in den Himmel (da er auf dem 72 Meter hohen Hügel Schluckswiek erbaut worden war). 1926 musste er wegen besorgniserregender Risse im Mauerwerk mit einem Stahlbetonmantel stabilisiert werden.

▷ Würde es ein Ranking für die schönsten Leuchtturmstandorte geben, der Leuchtturm Dornbusch stünde ganz weit oben. Die Langzeitbelichtung entstand in einer sommerlichen Vollmondnacht.

△
△△ Es sieht aus wie am Atlantik, wo riesige Wellen Leuchttürme häufig in Gischtwolken tauchen, doch auch der Leuchtturm auf der Ostmole von Sassnitz auf der Insel Rügen ist manchmal den rauen Kräften der Ostsee ausgesetzt.

◁ Laut einer mittelalterlichen Urkunde aus dem Jahre 1306 sollten Mönche auf dem Gellen, im Süden der Insel Hiddensee, »für ewig« eine Leuchte betreiben – der kleine Leuchtturm Gellen, ein Eisenbau der Berliner Firma Pintsch, ist jedoch erst seit 1907 in Betrieb. Als Quermarkenfeuer markiert er für die Nordansteuerung Stralsunds nach Westen das Einlaufen in die Richtfeuerlinie Zarrenzin. Nach Osten dient er zur Orientierung im Schaproder Bodden.

▷ Nein, es ist nicht das Auge eines außerirdischen Wesens, das einen Blick aus einem Raumschiff wirft. Die Fresnel-Scheinwerferlinse, mit einer Feuerhöhe von 75 Metern, steht auf der Insel Rügen am weltberühmten Kap Arkona im neuen Leuchtturm.

△
△ Blick in die Scheinwerferlinse des Leuchtturms Arkona, neuer Turm.

△ Eine Gruppe von drei Blitzen ist die strahlende Kennung des Leuchtturms Arkona, neuer Turm.

◁ Weit über die Grenzen Mecklenburg-Vorpommerns ist das Leuchtturmensemble auf dem Kap Arkona der Insel Rügen bekannt. Der Leuchtturm Arkona, alter Turm, nach dem Architekten Karl Friedrich Schinkel auch »Schinkelturm« genannt, war von 1828 bis 1905 in Betrieb und wurde 1905 von dem 35 Meter hohen Leuchtturm Arkona, neuer Turm, abgelöst, der annähernd baugleich mit dem sogenannten Deutschen Leuchtturm auf Helgoland war, der 1945 zerstört wurde. Der Anblick der beiden Leuchttürme am Kap Arkona ist beeindruckend, und beide können besichtigt werden. In dem kleineren Schinkelturm finden außerdem standesamtliche Trauungen statt, manchmal mehrere an einem Tag.

△
△△ Im Schinkelturm ist die filigrane gusseiserne Treppe besonders beachtenswert.

▷ Die Außengalerie in 71 Meter Höhe auf dem Leuchtturm Arkona, neuer Turm, ist für Besucher geöffnet. Ihr kunstvoll geschmiedetes Geländer zeigt die Formen eines Adlers. Bei dem 1945 zerstörten Zwillingsbruder auf der Insel Helgoland hatten sich die Schmiede eine Schneckenornamentik einfallen lassen.

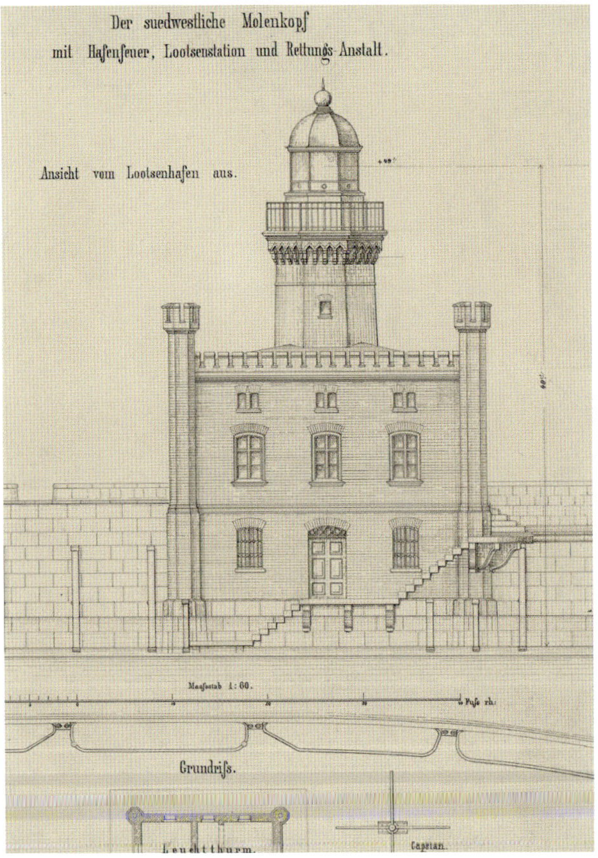

◁◁ Die historische Darstellung des Schinkelturms, der von 1826 bis 1827 gebaut wurde, hebt deutlich die Architekturmerkmale des Ziegelbauwerks hervor. Im Vordergrund ist vermutlich das Entladen von Brennstofffässern für den Reverberen-Leuchtapparat dargestellt.

◁ Am Kap Arkona sähe es heute anders aus, wären die Pläne für einen großen Hafen verwirklicht worden. Der Entwurf eines Leuchtturms stammt aus dem Jahre 1868.

▽ Ein über 100 Jahre alter Blick in das »Kraftwerk« des Leuchtturms Arkona, neuer Turm. Die Anlage stammte von der Firma Helios in Köln-Ehrenfeld (siehe Seite 153).

△▷ Mit drei Metern Höhe entstand um 1913 die größte je in Deutschland gebaute Fresnel-Linse bei der Firma Wilhelm Weule in Goslar. Die Scheinwerferlinse war für den Leuchtturm Greifswalder Oie auf der gleichnamigen Insel zwischen Rügen und Usedom bestimmt, der 1913/14 aufgestockt wurde. Die drei Fotos dokumentieren die Fertigungsschritte und den Einsatz der Linse.

◁ Alle 3,8 Sekunden zeigt die größte je in Deutschland gefertigte Fresnel-Linse einen Blitz aus der Laterne des Leuchtturms Greifswalder Oie.

△ Der Blick vom Leuchtturm über die nur 1550 m lange Insel.

◁ Der Treppenaufgang in die Laterne. Vor seiner Elektrifizierung erzeugte ein Zuggewicht in der Mittelröhre des Leuchtturms die Drehbewegung für die große Fresnel-Linse.

◁◁ Der Leuchtturm Greifswalder Oie ist mit seinem wuchtigen Anbau Deutschlands östlichster Leuchtturm und seit 1855 in Betrieb. »Oie« stammt übrigens aus dem Pommerschen und bedeutet »kleine Insel«.

KEIN MEER RAUSCHT IN DER NÄHE

LEUCHTTÜRME IM BINNENLAND

▷ Der Leuchtturm Lindau steht auf der Nordmole des unmittelbar an die Bodensee-stadt Lindau angrenzenden Hafens. Hinter dem 36 Meter hohen Turm mit einer »Bahnhofsuhr« erstreckt sich das Panorama der Alpen. Neben dem Privileg, Deutschlands südlichster Leuchtturm zu sein, besitzt das »See«-Zeichen eine weitere Besonderheit: Sein Leuchtfeuer kann bei Bedarf von den Schiffen auf dem Bodensee eingeschaltet werden.

Leuchttürme an Binnengewässern haben die gleichen Aufgaben wie ihre Vorbilder am Meer: Hafeneinfahrten sichern, vor Hindernissen warnen, Fahrwasser kennzeichnen und dadurch die nächtliche Schifffahrt ermöglichen. Allerdings gibt es eine Ausnahme, die zu einem der schönsten, zumindest aber zu einem der bemerkenswertesten Leuchttürme in Deutschland führt. Der sächsische Kurfürst Friedrich August III. (1763–1826) hatte, nachdem er von einem Augenzeugen Einzelheiten über die Seeschlacht von Çeşme in der östlichen Ägäis erfuhr, eine Vorliebe für den Seekrieg entwickelt. Er ließ unweit von Dresden, in der Nähe des Jagdschlosses Moritzburg am Bärensdorfer Großteich, eine Küstenlandschaft mit Hafen, Mole und vor allem mit einem Leuchtturm entstehen. Der Leuchtturm ist wahrscheinlich um 1776 vollendet worden. Vor dieser künstlichen maritimen Kulisse fanden auf dem See gespielte Seeschlachten mit kleinen bemannten Schiffen statt, und es ist anzunehmen, dass der Kurfürst mit seiner Flotte stets siegreich war. Nach der Teilung des Teiches im Jahre 1910 sank der Wasserspiegel um über einen Meter, sodass der ursprüngliche Eindruck verändert wurde. Das neue Bild rund um den Moritzburger Leuchtturm fasziniert heute viele Besucher, denn aus dem Barockgarten am Teich ist eine romantisch anmutende Parklandschaft geworden. Seit 2007 zeigt der sanierte 22 Meter hohe Leuchtturm eine frische rosarote aufgemalte Backsteinfassade mit weißen Fugen.

Der Leuchtturm auf der Westmole zur Hafeneinfahrt von Lindau im Bodensee kommt im Vergleich dazu deutlich grauer daher, der Standort ist dafür umso eindrucksvoller: ein Leuchtturm vor einem grandiosen Alpenpanorama! Wie kam es dazu? Nach dem Verlust der Reichsfreiheit ging Lindau 1805 an Bayern und wurde für das großflächige Königreich das Tor zum Süden mit der größten Flotte am Bodensee. Die Handelsrouten führten über die Schweiz nach Italien, wobei neben Salz, Textilprodukten und Wein hauptsächlich Getreide über den See transportiert wurde. Im Rahmen der Erweiterung des bayrischen Eisenbahnnetzes sollte in Lindau mit einem Bahnhof am Hafen für einen reibungslosen Umschlag gesorgt werden: Dampflokomotiven würden dann auf Dampfschiffe treffen. Dafür entstand ein Eisenbahndamm, der die Inselstadt mit dem Festland verband; 1855/56 erfolgte eine Neugestaltung des Hafens.

Von dem Eisenbahnarchitekten Eduard von Rüber stammte auch der Entwurf für den 33 Meter hohen Leuchtturm mit Bahnhofsuhr am Turmschaft, der am 4. Oktober 1856 auf dem Kopf der Westmole zum ersten Mal sein Licht zeigte. Seit 1936 ist er elektrifiziert, und Anfang der 1990er-Jahre wurde er automatisiert. Er ist nicht nur Deutschlands südlichster Leuchtturm, er kann bei Bedarf auch per Funk von den Schiffen auf dem Bodensee eingeschaltet werden.

Auch weiter im Norden, an dem über 130 Kilometer langen Abschnitt der Elbe von Cuxhaven bis Hamburg, der für Hochseeschiffe mit größerem Tiefgang befahrbar ist, stehen zahlreiche Leuchttürme. Diese bilden zusammen eine geschlossene Richtfeuerlinie und sind in ein Radarleitsystem

◁◁ + ◁ Das Unternehmen Helios in Köln-Ehrenfeld stellte u. a. Anlagen zur Stromerzeugung für Leuchttürme her, z. B. für die Leuchttürme Campen, Wangerooge, Roter Sand, Borkum und Arkona, neuer Turm. Auf seinem Werksgelände baute es auch selbst einen Leuchtturm als weithin sichtbares Firmenzeichen (linkes Foto um 1885, rechtes Foto um 1900).

▽ Der 44 Meter hohe Leuchtturm wurde nach dem Zweiten Weltkrieg wiederhergestellt und zeigt auf dem ehemaligen Werksgelände auch heute noch sein Leuchtfeuer.

integriert, das circa fünfzig große Schiffe täglich stromab und stromaufwärts lenkt. Ein Lotsendienst trägt zur weiteren Sicherheit auf der Elbe bei. Interessengemeinschaften, Fördervereinen oder dem Ankauf durch Privatpersonen ist es zu verdanken, dass auch einige historische Leuchtfeuerbauten erhalten blieben, wie zum Beispiel das Unterfeuer Mielstack, mit einer für das westliche Elbufer typischen Architektur.

Und selbst mitten in Köln – weit entfernt von jeglichem Gewässer – steht ein Leuchtturm. Er wurde im Kölner Stadtteil Ehrenfeld auf der Fabrikanlage des 1882 gegründeten Industrieunternehmens Helios errichtet, das Ende des 19. Jahrhunderts einer der führenden Hersteller von elektrischen Anlagen war. Helios lieferte für Leuchttürme zunächst nur Anlagen zur Stromversorgung und entsprechendes Zubehör – keine Lichtquellen, keine Optiken, keine Architekturkonzepte – und übernahm 1891 dann die Elektrifizierung einiger Leuchttürme. Der Leuchtturm als weit sichtbares und stolzes Firmenzeichen konnte den Niedergang des Unternehmens allerdings nicht aufhalten: 1905 ging bei der Helios AG für elektrisches Licht und Telegraphenbau infolge dominanter Konkurrenz, Wirtschaftskrisen und falschem Management das Licht aus.

Nach dem Zweiten Weltkrieg war vom Leuchtturm nur ein Stumpf übriggeblieben, der zusammen mit der Werkhalle 1986 unter Denkmalschutz gestellt wurde. Wieder aufgebaut erhielt der Turm 1995 ein schwaches Leuchtfeuer, das aber aus Gründen der Flugsicherung kein blinkendes Licht zeigt.

◁ Am Bärnsdorfer Großteich beim Jagdschloss Moritzburg in Sachsen erbaute Johann Daniel Schade von 1775 bis 1776 einen Leuchtturm im Stil einer chinesischen Pagode. Leuchtturm, Mole und ein kleiner Hafen dienten als Kulisse für höfische Feste.

△ Der 1899 erbaute und 30 Meter hohe Leuchtturm Wittenbergen ist das Unterfeuer zum Oberfeuer Tinsdal, das (im Bild nicht sichtbar) rechts auf dem Elbhang steht.

△ Beim Elbe-Stromkilometer 645 löste im Sommer 2010 das Unterfeuer Somfletherwisch das Unterfeuer Mielstack an der kleinen Ortschaft Lühe ab. Ein Grund für den Neubau mit einer Feuerhöhe von 19 Metern war die zunehmende Brückenhöhe von Großschiffen auf der Elbe. Die Queen Mary 2 mit einer Brückenhöhe von 41 Metern ist sicher das spektakulärste Beispiel.

▷ Der stillgelegte und verkaufte Leuchtturm Mielstack an der Elbe ist ein gelungenes Beispiel für eine private Investition zum Erhalt eines maritimen Denkmals. Dieser 1905/1906 erbaute Leuchtturm ist ein typisches Unterfeuer, von denen es mehrere in ähnlicher Bauweise an der Elbe gibt. Er wurde 2010 durch einen Neubau ersetzt.

LEUCHTTURM-STANDORTE UND -DATEN

	Name des Leuchtturms	Standort	Turmhöhe	Feuerhöhe	In Betrieb seit / bis	Seite
1	Knock Verkehrszentrale	bei Emden	55 m	28 m	1972	*18/159
2	Campen	Campen a.d. Ems	65 m	62 m	1891	14
3	Pilsum	bei Pilsum	11 m	15 m	1891-1919	18
4	Borkum, neuer Turm	Borkum	60 m	63 m	1879	20
5	Borkum, alter Turm	Borkum	45 m	41 m	1817-1879	20
6	Borkum, kleiner Turm	Borkum	27 m	32 m	1891-2003	24
7	Norderney	Norderney	54 m	59 m	1874	26
8	Wangerooge, alter Turm	Wangerooge	39 m	36 m	1856-1969	30
9	Wangerooge, Westturm	Wangerooge	56 m	42 m	1624-1630	**30
10	Wangerooge, neuer Turm	Wangerooge	64 m	60 m	1969	32
11	Arngast	Jadebusen	36 m	30 m	1910	34
12	Hohe Weg	Wesermündung	36 m	29 m	1856	35
13	Robbenplate	Wesermündung	39 m	37 m	1925	35
14	Roter Sand	Wesermündung	28 m(1)	23 m	1885-1986	37
15	Alte Weser	Wesermündung	38 m(1)	33 m	1964	38
16	Kaiserschleuse, Ostfeuer	Bremerhaven	15 m	10 m	1900	41
17	Bremerhaven, Oberfeuer	Bremerhaven	37 m	34 m	1855	44
18	Bremerhaven, Unterfeuer	Bremerhaven	26 m	21 m	1893	44
19	Geeste, Nord-Feuer	Bremerhaven	14 m	15 m	1914	46
20	Brinkamahof/ Weddewarden	Bremerhaven (Marina)	26 m	19 m	1912-1980	46
21	Obereversand	nach Dorum versetzt	36 m	29 m	1887-1923	48
22	Cuxhaven	Cuxhaven	23 m	24 m	1805-2001	51
23	Neuwerk	Neuwerk	39 m	38 m	1814-2014(2)	50
24	Helgoland	Helgoland	34 m	82 m	1952	52
25	Helgoland, Düne	Helgoland	15 m	17 m	1936	52
26	Büsum	Büsum	22 m	22 m	1913	55
27	Westerheversand	bei Westerhever	40 m	41 m	1908	60
28	Pellworm	Pellworm	41 m	38 m	1907	64
29	Amrum	Amrum	41 m	63 m	1875	66
30	Norddorf	Amrum	8 m	22 m	1906	70
31	Hörnum	Sylt	34 m	48 m	1907	72
32	Kampen	Sylt	40 m	62 m	1856	74
33	Rotes Kliff	Sylt	12 m	24 m	1913-1975	78
34	List West	Sylt	11 m	19 m	1858	79
35	List Ost	Sylt	13 m	22 m	1858	82
36	Falshöft	Falshöft	24 m	25 m	1910-2002	86
37	Schleimünde	Schleimünde	14 m	14 m	1871	88
38	Kiel	Kieler Förde	33 m(1)	29 m	1967	90
39	Bülk	bei Strande	25 m	29 m	1865	91
40	Friedrichsort	Kiel-Friedrichsort	32 m	32 m	1971	92
41	Holtenauer Schleusen, Nordseite	Kiel	20 m	22 m	1895	93
42	Neuland	bei Behrensdorf	40 m	40 m	1918-1996	98
43	Heiligenhafen	Heiligenhafen	13 m	16 m	1938	100
44	Flügge	Fehmarn	37 m	38 m	1916	85, 106
45	Westermarkelsdorf	Fehmarn	18 m	16 m	1882	102
46	Marienleuchte, alter Turm	Fehmarn	18 m	28 m	1832-1967	**109
47	Staberhuk	Fehmarn	22 m	25 m	1904	110
48	Dahmeshöved	bei Kellenhusen	28 m	33 m	1880	114
49	Pelzerhaken	Pelzerhaken	19 m	21 m	1843 / 1937	117
50	Travemünde, neues Feuer	Travemünde	114 m(3)	118 m	1974	120
51	Travemünde, alter Turm	Travemünde	31 m	31 m	1529-1972	120
52	Travemünde, Nordmole	Travemünde	12 m	14 m	2013	121
53	Timmendorf	Poel	21 m	21 m	1872	122
54	Buk	bei Kühlungsborn	21 m	95 m	1878	124
55	Warnemünde Seefeuer	Warnemünde	31 m	34 m	1898	128
56	Warnemünde Westmole	Warnemünde	12 m	14 m	1998	126
57	Warnemünde Ostmole	Warnemünde	12 m	14 m	1998	126
58	Darßer Ort	Darßer Ort	35 m	33 m	1849	131
59	Gellen	Hiddensee	12 m	10 m	1907	138
60	Dornbusch	Hiddensee	28 m	95 m	1888	136
61	Arkona, neuer Turm	Rügen / Arkona	35 m	75 m	1905	140
62	Arkona, alter Turm	Rügen / Arkona	21 m	63 m	1828-1902 / 05	142
63	Saßnitz Ostmole	Rügen / Saßnitz	12 m	15 m	1937	139
64	Greifswalder Oie	Greifswalder Oie	39 m	48 m	1855	148
65	Lindau	Lindau im Bodensee	33 m	35 m	1856	151
66	Moritzburg	Moritzburg	21 m	(4)	um 1780	152
67	Helios Turm	Köln-Ehrenfeld	ca. 40 m	ca. 39 m	vor 1900	153
68	Mielstack	Lühemündung	16 m	13 m	1907-2010	154
69	Wittenbergen	Hamburg	30 m	30 m	1900	154

(1) über Wasser, (2) Wird als sogenanntes privates Leuchtfeuer weiter betrieben, (3) Hotel- und Appartementhochhaus, (4) Barocker Pseudoleuchtturm *Nur Innenaufnahme **Nur historische Abbildung
Die im Buch abgebildeten und aufgelisteten Leuchttürme sind eine Auswahl, die Historie, Architektur und nautische Bedeutung sowie landschaftliche Merkmale besonders berücksichtigt. Aktuelle Angaben über die Kennung der Leuchttürme in diesem Buch und das vollständige Leuchtfeuerverzeichnis bietet das Bundesamt für Seeschifffahrt und Hydrographie, Hamburg/Rostock an: www.bsh.de

Itzehoe
Bad Bramstedt
Brunsbüttel
Elbe
Stör
Cuxhaven
Oste
Elmshorn
Pinneberg
Stade
Wedel
Hamburg
68 S. 154
69 S. 154
Bremervörde
Lühe
Buxtehude
List West
34 S. 79
List Ost
35 S. 82
Dänemark
Rotes Kliff
33 S. 78
Kampen
32 S. 74
Tønder
Sylt
Hörnum, U-F.
31 S. 72
Föhr
Dagebüll
Norddorf
30 S. 70
Amrum
29 S. 66
Amrum
SCHLESWIG-HOLSTEIN
Pellworm
Pellworm
28 S. 64
Husum
N O R D S E E
Westerheversand
27 S. 60
St. Peter-Ording
Helgoland
24 S. 52
Helgoland Düne
25 S. 52
Helgoland
Heide
Büsum
26 S. 55
Büsum
Deutsche Bucht
Neuwerk
23 S. 50
Neuwerk
22 S. 51
Bruns-büttel
Cuxhaven
Elbe
Roter Sand
14 S. 37
Alte Weser
15 S. 38
Wangerooge, neuer Leuchtturm
10 S. 32
Wangerooge, alter Lt.
8 S. 30
Wangerooge
Langeoog
Norderney
7 S. 26
Baltrum
Spieker-oog
Wangerooge, Westturm
9 S. 30
Obereversand
21 S. 48
Dorum
Hohe Weg
12 S. 35
Robbenplate, O-F.
13 S. 35
Borkum, neuer Lt.
4 S. 20
Norderney
Juist
Wremen
Borkum, alter Lt.
5 S. 20
Borkum
Norden
Bremerhaven, O-F. 17
Bremerhaven, U-F. 18
Kaiser-schleuse Ost
16
Geeste Nordmole 19
Brinkamahof, Weddewarden 20
S. 41-47
Borkum, kleiner Lt.
6 S. 24
Wittmund
Wilhelms-haven
Jever
Pilsum
3 S. 18
Greetsiel
Aurich
Arngast
11 S. 34
Norden-ham
Bremerhaven
Bremervörde
Jadebusen
Campen
2 S. 14
Campen
Varel
Weser
Knock, Verkehrszentrale
1 S. 18/159
Emden
Delfzijl
Niederlande
Dollart
Ems
Leer
Kreuzlingen
B O D E N S E E
Weinfelden
Romanshorn
Wasserburg
Lindau
65 S. 151
Arbon
Bregenz
Rorschach

Ærø
Falster
Lolland
Nykøbing
Flensburg
Falshöft
36 S. 86
Schleimünde
37 S. 88
Fehmarnbelt
Schleswig
Eckernförde
Kieler Bucht
Kiel
38 S. 90
Bülk
39 S. 91
Friedrichsort
40 S. 92
Holtenauer Schleusen, Nordseite
41 S. 93
Neuland
42 S. 98
Westermarkelsdorf
45 S. 102
Fehmarn
Flügge
44 S. 106
Heiligenhafen
43 S. 100
Heiligen-
hafen
Marienleuchte, alter Turm
46 S. 109
Staberhuk
47 S. 110
Rendsburg
Kiel
Plön
Malente
Dahmeshöved
48 S. 114
Dahme
Mecklenburger Bucht
Warnemünde,
Westmole
55-57 S. 126-129
Warnemünde,
Seefeuer
Warnemünde,
Ostmole
Buk
54 S. 124
Warnemünde
Rostock
SCHLESWIG-
HOLSTEIN
Nord-Ostsee-Kanal
Neumünster
Eutin
Neustadt
Pelzerhaken
49 S. 117
Lübecker Bucht
Timmendorf
53 S. 122
Travemünde,
Nordmole
50-52 S. 120
Travemünde
Travemünde, alter Turm
Scharbeutz
Timmendorfer
Strand
Itzehoe
Bad
Bramstedt
Bad Segeberg
Travemünde, neues Feuer
(Hochhaus)
Lübeck
Poel
Wismar
MECKLENBURG-
VORPOMMERN
Elbe
Glückstadt
Bad Oldesloe
Güstrow

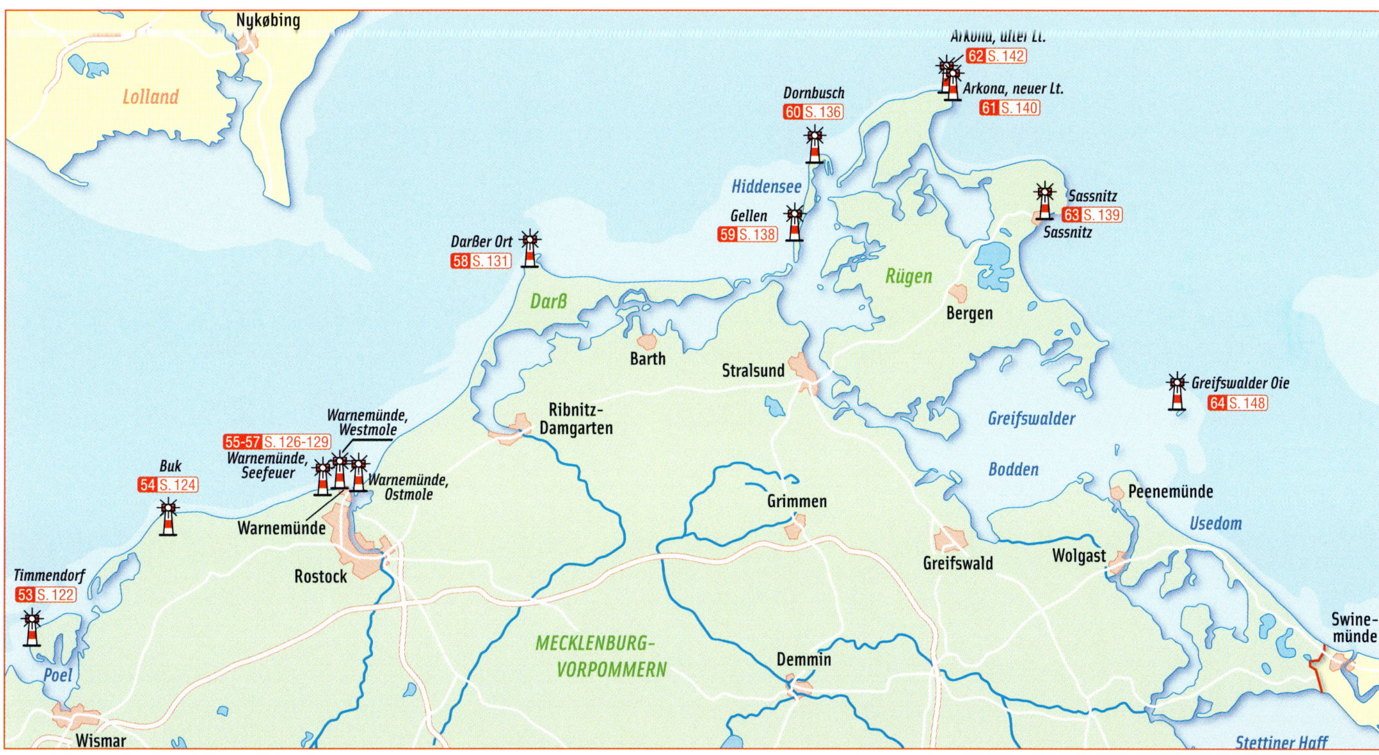

Nykøbing
Lolland
Arkona, alter Lt.
62 S. 142
Arkona, neuer Lt.
61 S. 140
Dornbusch
60 S. 136
Hiddensee
Gellen
59 S. 138
Sassnitz
63 S. 139
Sassnitz
Darßer Ort
58 S. 131
Darß
Rügen
Bergen
Barth
Stralsund
Ribnitz-
Damgarten
Greifswalder Oie
64 S. 148
Greifswalder
Bodden
Warnemünde,
Westmole
55-57 S. 126-129
Warnemünde,
Seefeuer
Warnemünde,
Ostmole
Buk
54 S. 124
Warnemünde
Rostock
Grimmen
Peenemünde
Usedom
Greifswald
Wolgast
Timmendorf
53 S. 122
Poel
Wismar
MECKLENBURG-
VORPOMMERN
Demmin
Swine-
münde
Stettiner Haff

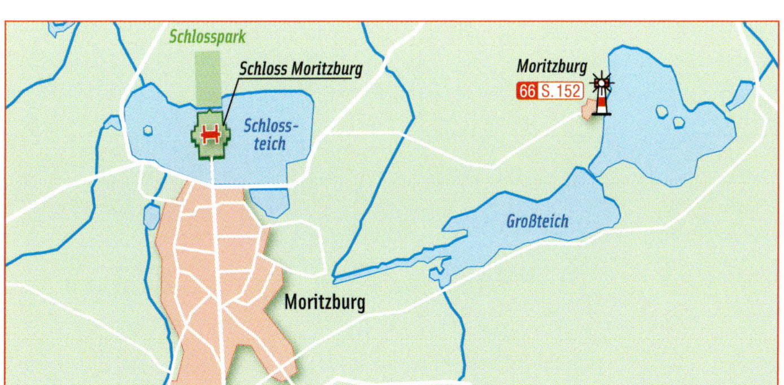

Schlosspark
Schloss Moritzburg
Schloss-
teich
Moritzburg
66 S. 152
Großteich
Moritzburg

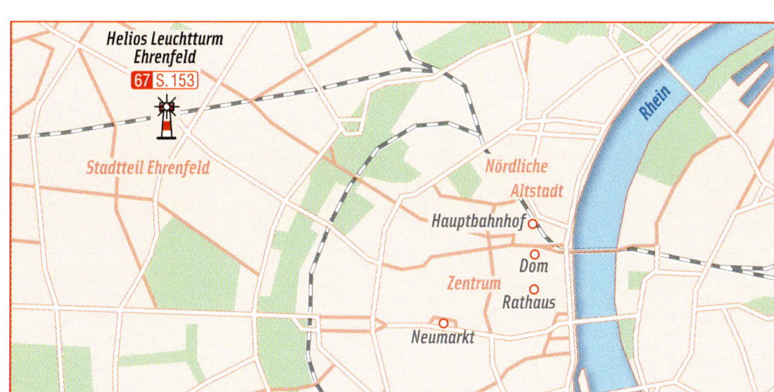

Helios Leuchtturm
Ehrenfeld
67 S. 153
Stadtteil Ehrenfeld
Rhein
Nördliche
Altstadt
Hauptbahnhof
Dom
Zentrum
Rathaus
Neumarkt

KLEINES LEUCHTTURMLEXIKON

Argand-Lampe Von dem aus Genf stammenden französischen Physiker Aimé Argand (1755-1803) entwickelter Hohldocht für Öl- und Petroleumlampen. Die Verbesserung der Lichtquelle beruht auf einer doppelten Luftzufuhr am Docht (außen und innen). (Abb. 1)

Automatisierung / Automation (auch Fernschaltung und -überwachung) Die Leuchttürme in Deutschland werden heute unbemannt betrieben, wobei die Ein- und Ausschaltvorgänge sowie die Betriebsabläufe durch Zeitschaltuhren und Sensoren gesteuert werden (siehe auch Verkehrszentrale). (Abb. 2)

Bake Festgegründetes pfahl- oder gittermastartiges Schifffahrtszeichen mit Kennung durch Form oder Form und Farbe. Mit Leuchtfeuer wird sie als Leuchtbake bezeichnet. Deutschlands bekannteste Bake ist die Kugelbake in Cuxhaven. (Abb. 3)

Blüse Historische Leuchtfeueranlage, bestehend aus einem massiven Bau oder einem Balkengerüst, auf dessen oberer Plattform ein offenes Feuer brannte, meistens Steinkohle (Kohlenblüse). (Abb. 4)

Bogenlampe Zwischen zwei Kohlenstäben einer Bogenlampe entsteht nach dem Anlegen einer elektrischen Spannung ein sehr heller Lichtbogen. (Abb. 5)

Caisson / Senkkasten Unten offener Kasten aus Stahl oder Stahlbeton, der für Arbeiten im Wasser oder Grundwasser verwendet wird. Nach Absenken des Caissons wird das Wasser mit Druckluft aus dem Hohlraum gepresst. Das Innere des Senkkastens, der Arbeitsraum, ist mit der Außenwelt durch eine Luftschleuse verbunden. Durch Absenken des Caissons und gleichzeitigem Aufbau nach oben entsteht ein Fundament für ein Bauwerk, wie Brückenpfeiler oder Leuchttürme.

Candela (Abk.: cd) Seit 1940 Maßeinheit der Lichtstärke in einer bestimmten Richtung einer Strahlungsquelle.

Doppelung Prinzip im Schifffahrtszeichenwesen, wichtige Teilsysteme mehrfach anzuordnen, um den ununterbrochenen Betrieb des Schifffahrtszeichens zu gewährleisten.

Feuer Licht mit Kennung, das der Befeuerung eines Leuchtturms dient.

Feuerhöhe Höhe der Lichtquelle eines Leuchtfeuers über dem Meeresspiegel (Nordsee: über mittlerem Hochwasser, Ostsee: mittlerer Wasserstand). Setzt sich aus der geografischen Höhe und der Höhe eines Bauwerks zusammen. (Abb. 6)

Feuerschiff Verankertes Spezialschiff als Leuchtfeuer. Ehemals bemannt mit einer Besatzung, die regelmäßig abgelöst wurde. Der »Törn« betrug in Deutschland zuletzt zwei Wochen. Heute aus wirtschaftlichen Gründen durch Großtonnen (LANBY) oder durch unbemannte Feuerschiffe (UFS) ersetzt.

Fresnel Augustin Jean (1788-1827), französischer Physiker, begründete exakt die Wellentheorie des Lichtes. Er erfand den nach ihm benannten Doppelspiegel und das Biprisma.

Fresnel-Linse Von Fresnel erfundene und nach ihm benannte Optik, bestehend aus Linsen und Prismen, die um eine Lichtquelle angeordnet sind. Bei Anordnung der Linsen um eine vertikale Achse entsteht eine Gürtellinse, bei Anordnung um eine horizontale Achse ein Scheinwerfersystem.

Gründung Fundamentunterbau, unterer Teil eines Bauwerks, der die Verbindung zum tragfähigen Baugrund herstellt.

Gürtellinse Siehe Fresnel-Linse (Abb. 7)

Kennung Meist wird der Begriff Kennung in Bezug auf die Lichterscheinung eines Leuchtfeuers verwendet, aber auch die Form eines Leuchtturms oder seine charakteristische Farbgebung fallen darunter. Ebenso die Anzahl, Anordnung, Aufeinanderfolge, Dauer, Farbe und Wiederkehr von Lichterscheinungen bei Leuchtfeuern.

Kohlenblüse Siehe Blüse

Laterne Verglastes Gehäuse zum Schutz der Leuchte eines Leuchtfeuers. Mancherorts auch als Träger von Funk- und Radarantennen verwendet. (Abb. 8)

LED (Leuchtdiode auch Lumineszenz-Diode, kurz LED, für light emitting diode beziehungsweise Licht emittierende Diode). Dabei handelt es sich um ein kleines elektronisches Halbleiter-Kristall-Bauelement, das unter Gleichstrom Licht aussendet. In einen Glastropfen eingeschlossen, entsteht ein Mini-Leuchtkörper mit geringem Stromverbrauch. Die Verbreitung von LEDs im Seezeichenwesen spiegelt sich besonders beim Einsatz auf Leuchttonnen wider, wo sie zu einem Leuchtring gebündelt ein helles Licht erzeugen und mit Solarstrom gespeist die Wartung der schwimmenden Seezeichen erheblich reduzieren. (Abb. 9)

Leitfeuer Leuchtfeuer zur Bezeichnung eines Fahrwassers mit Leitsektor(en), oft mit Warnsektoren, zur Unterscheidung mit verschiedenen Farben oder Kennungen der Lichterscheinungen versehen.

Leuchte Vorrichtung zum Lenken und Verteilen des von einer künstlichen Lichtquelle erzeugten Lichtstroms.

Leuchtfeuer Anlage, die ein Feuer trägt, das über den ganzen Horizont oder in festgelegten Sektoren oder Richtungen gezeigt wird und die im Allgemeinen bei Tage ein visuelles Zeichen (Tagesmarke) ist.

Leuchtfeuerwärter / Leuchtturmwärter (ugs.) Die letzten beiden Leuchtfeuerwärter in der alten Bundesrepublik verließen ihre Türme 1986, in der DDR war die Automatisierung der Leuchttürme eher abgeschlossen. Allerdings wurde der Leuchtturm Dornbusch auf der Insel Hiddensee bis 1992 von einem ehemaligen Leuchtfeuerwärter betreut.

Leuchttonne Tonne mit Feuer als Leuchtfeuerträger.

Lichtstärke Lichtausstrahlung in einer bestimmten Richtung (siehe auch Candela).

Nebelschallanlage Schallsender als Schifffahrtszeichen, der Schallwellen mit Kennung aussendet und bei verminderter Sicht betrieben wird. Wurde früher als Navigationshilfe benutzt, heute fast nur noch als Objektschutz von Leuchttürmen, Molen und ähnlichen Anlagen, in deren Nähe Schifffahrt stattfindet. (Abb. 10)

Nenntragweite Entfernung, in der ein Leuchtfeuer bei festgelegten atmosphärischen Bedingungen noch zu sehen ist, bevor es zu schwach wird.

Oberfeuer Teil einer Richtfeuerlinie, höher und weiter entfernt vom Fahrwasser als das Unterfeuer.

Ordnung Größe einer Leuchtfeueroptik von 1. (größte Linse) bis 6. Ordnung (kleinste Linse) eingestuft.

Otterblenden Senkrecht angeordnete, drehbare, schmale Lamellen, die geschlossen ein Leuchtfeuer abschatten und geöffnet das Licht durchlassen. Durch ein bestimmtes rhythmisches Öffnen und Schließen der Otterblenden entsteht die charakteristische Kennung für ein Leuchtfeuer. Wird nur noch selten betrieben. (Abb. 11)

Parabolspiegel Schalenförmiger Hohlspiegel, von dessen Brennpunkt aus die Strahlen einer Lichtquelle parallel nach außen reflektiert werden.

Präzisionssektorenfeuer Leitfeuer mit einer speziellen Konstruktion, um bei großer Lichtstärke scharf abgegrenzte Sektoren zu erhalten.

Prismenkorb Bezeichnung für eine große Fresnellinse.

Quermarkenfeuer Leuchtfeuer, das mit Sektoren in einem Fahrwasser den Übergang von einer Richtfeuerlinie oder einem Leitfeuer zur nächsten Richtfeuerlinie oder Leitfeuer anzeigt und / oder einen Kurswechsel ankündigt. Heute weitgehend unüblich geworden, da der beabsichtigte Zweck durch andere technische Mittel erreicht werden kann.

Reichweite Dasselbe wie Tragweite für Leuchtfeuer bedeutet die Reichweite für auditive und funktechnische Schifffahrtszeichen. Dabei sind zu berücksichtigen: die ausgestrahlte Leistung, die Ausbreitungsdämpfung, die Bedingungen am Sende- und Empfangsort und die Empfängerempfindlichkeit.

Reverberen-Leuchtapparat Alte Leuchtfeuereinrichtung mit mehreren Parabolspiegeln und Argand-Lampen. (Abb. 12)

Richtfeuerlinie Zur Navigation benutzte Kurslinie, die durch Peilung von Baken oder Leuchtfeuern entsteht. Sie wird durch eine Oberbake / ein Oberfeuer und eine Unterbake / ein Unterfeuer gebildet. Nur auf dieser Linie werden die Baken / Feuer senkrecht übereinander gesehen.

Rüböl Dieser alte Brennstoff wurde aus dem Samen von Raps und Rübsamen durch Auspressen gewonnen.

Seezeichenversuchsfeld Vorgänger der heutigen Fachstelle der WSV für Verkehrstechniken (FVT) in Koblenz. Berät die Dienststellen der Wasser- und Schifffahrtsverwaltung des Bundes (WSV) und das Bundesministerium für Verkehr, Bau und digitale Infrastruktur (BMVI) in den Bereichen Maschinenbau, Elektro-, Automatisierungs-, Nachrichten- und Kommunikationstechnik der Wasserstraßen, Schifffahrtszeichen und Telematik.

Sektor Durch technische Mittel erzeugter Bereich eines Leuchtfeuers, Teil eines Kreises mit der Lichtquelle als Mittelpunkt, durch Kennung der Lichterscheinung (Dauer, Rhythmus, Farbe) als Navigationshilfe benutzbar. (Abb. 13)

Sektorenfeuer Leuchtfeuer mit Sektoren, die allgemeine Informationen über den Seebereich enthalten, oft auch mit Leit- und Warnsektoren.

Sichtweite, geografische Größter Abstand, aus dem ein Schifffahrtszeichen eben noch über die Kimm (Horizont) gesehen werden kann. Abhängig von Feuerhöhe und Augenhöhe des Beobachters.

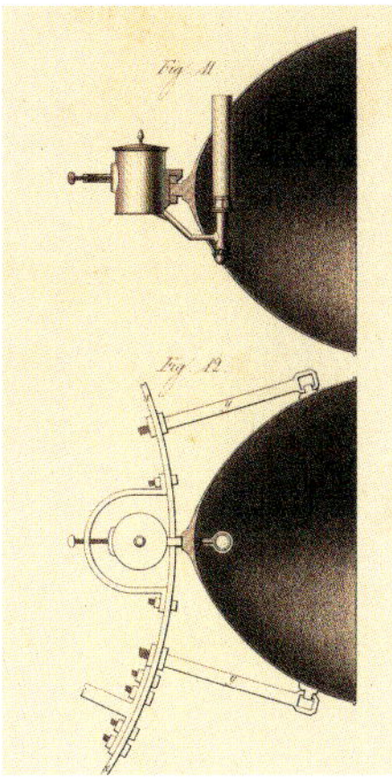

1 Argand Lampe

2 Automatisierung

3 Bake

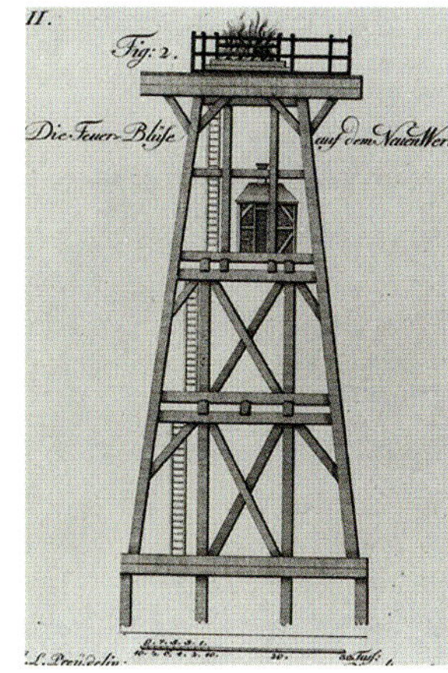

4 Blüse (Neuwerk, Elbe)

5 Bogenlampe

6 Feuerhöhe

7 Gürtellinse

8 Laterne

9 LED

10 Nebelschallanlage

11 Otterblenden

12 Reverberen Leuchtapparat

13 Sektoren

14 Verkehrszentrale (Knock)

Spiegeldrehfeuer Mehrere auf einem Drehgestell angeordnete Lampen. Die Kennung des Leuchtfeuers entsteht durch die Drehgeschwindigkeit und die Anzahl der Lampen.

Tageskennung Form und / oder Anstrich und / oder Aufschrift eines Leuchtfeuers (meist Leuchtturm). Anstrich in den im Seezeichenwesen üblichen Farben Rot, Weiß, Schwarz, Grün und Gelb bzw. in Farbzusammenstellungen und -anordnungen.

Tonne Verankerter, rotationssymmetrischer Schwimmkörper aus Stahl oder Kunststoff, manchmal auch mit Aufbau, mit Kennung durch Form und Farbe, auch kombiniert mit Feuer, Aufschrift und / oder mit Toppzeichen. Oft auch als Boje bezeichnet, was unter Fachleuten aber als unprofessionell gilt.

Tragweite Größte Entfernung, aus der ein Leuchtfeuer unter Berücksichtigung der Lichtdurchlässigkeit der Atmosphäre und der Beobachtungsbedingungen gesehen werden kann.

Unterfeuer Teil einer Richtfeuerlinie, niedriger und näher am Fahrwasser als das Oberfeuer.

Verkehrszentrale Betriebsstelle der für die Sicherheit und für den reibungslosen Schiffsverkehr in einem bestimmten Seebereich, Hafen oder Flusslauf verantwortlichen Verwaltung. Die Überwachung und Steuerung der unbemannten Leuchtfeuer wird als wesentlicher Beitrag zur Sicherheit der Schifffahrt auch in der Verkehrszentrale wahrgenommen. (Abb. 14)

Wasser- und Schifffahrtsämter In Deutschland liegt die Zuständigkeit für Notwendigkeit, Technik und Betrieb der Schifffahrtszeichen gemäß Wasserstraßengesetz (§ 34) bei der Wasser- und Schifffahrtsverwaltung des Bundes, die dem Bundesverkehrsministerium unterstellt ist.

Xenon-Hochdrucklampe Auch Xenon-Kurzbogenlampe genannt. Mit Xenon-Edelgas gefüllte (Innendruck 8–20 bar) Entladungslampe für den Gleichstrombetrieb, deren Wolframkathode und Anode im Glaskörper nur wenige Millimeter auseinanderstehen, zwischen denen der Lichtbogen entsteht.

DANKSAGUNG

Dieses Buch über die Leuchttürme an Deutschlands Küsten hätte nicht ohne die »Hausherren« der Wasser- und Schifffahrtsverwaltung entstehen können. Mein ganz besonderer Dank gilt Herrn Bauoberrat Hendrik Eusterbarkey, Generaldirektion Wasserstraßen- und Schifffahrt, Außenstelle Nord in Kiel. Er hat das Buchprojekt von Anfang an wohlwollend unterstützt und beraten.
Unterstützung vor Ort erfuhr ich von den Wasser- und Schifffahrtsämtern und deren Außenstellen. Wasser- und Schifffahrtsamt Tönning: Amtsleiterin Christina Ruddeck, Wolfgang Stöck, Olaf Pforr und Andreas Thaysen. Wasser- und Schifffahrtsamt Wilhelmshaven: Amtsleiter Holger Alker, Gerold Müller, Herbert Lind und Roland Lehner. Wasser- und Schifffahrtsamt Emden, Verkehrszentrale Knock: Leiter Fachgruppe Nachrichtentechnik Peter Aggen, Peter Schneider, Jörg Rass und Markus Krägel. Wasser- und Schifffahrtsamt Lübeck: Amtsleiter Henning Dierken, Sabine-Dorothea Heider, Lars Fokuhl (half auch beim Glossar), Georg Welzel, Dirk Lansmann, Jens Grönwoldt und Daniel Otto. Wasser und Schifffahrtsamt Stralsund: Amtsleiter Holger Brydda, Dirk Berger (ihm gilt ein ganz besonderer Dank), Stefan Hemmers, Klaus Koch und Daniel Martens. Wasser- und Schifffahrtsamt Kiel Holtenau: Andreas Frahm. Verkehrszentrale Travemünde: Janas Miksta und Timo Ladehoff.
Ebenfalls gehört mein Dank: Schlösserland Sachsen - Staatliche Schlösser, Burgen und Gärten Sachsen (Moritzburg): Uli Kretzschmar und Paul Jeran. Stadt Lindau: Presseamt Wilfried Vögel und dem Leiter Bädertechnik Nobert Landerer. Weiterer Dank für ihre tatkräftige Unterstützung gilt dem ehemaligen Leuchtfeuerwärter von Westerheversand Heinrich Geertsen (Tating), Kapitän Anton Tapken (Dangast) und Dr. Klaus Schmitz (Pastow) für die Bereitstellung historischer Fotos.
Den Zugang auf private Grundstücke oder nicht öffentliche Gebäude verdanke ich: Deutscher Wetterdienst, Wetterwarte Fehmarn: Ute Derdau. Fachklinik Seefrieden Dahmeshöved: Bastian Rudigier und Melanie Wehr. List-Ellenbogen: Thomas Diedrichsen. Niedersächsischer Landesbetrieb für Wasserwirtschaft, Küsten- und Naturschutz: Hela Peters, Niko Erdmann sowie dem Nationalparkamt Vorpommern. Hannes Leichsering und Frank Stahmer (Fehmarn), Karl-Heinz Leidheiser (Borkum), dem Verein Jordsand zum Schutz der Seevögel und der Natur e.V., insbesondere Dieter Wilhelm, sowie dem Lotsenbetriebsverein Kiel mit Nils Junge.
Ein Dank auch dem Experten für antike Münzen, Prof. Rainer Postel (Hamburg). Das Markenrecht für den Leuchtturm Pilsum gehört der Deichacht Krummhörn, ich danke dort Herrn Frank Rosenberg sowie der Bremenports GmbH & Co. KG, Ingo Albrecht, für den Zugang in den Pingelturm.
Nicht immer gelang es mir zum richtigen Zeitpunkt am richtigen Ort zu sein, so halfen mir an der Küste Mecklenburg-Vorpommerns Sven Karberg (Behrenshagen) und in Cuxhaven Helmut Seger (Bremerhaven). Ebenfalls stellte Hans Helge Staack (Neu Wulmstorf) Fotos zu Verfügung und leistete zudem Beistand in technischen Fragen und Leuchtfeuerhistorie. Bei Fragen zur Leuchtfeuerhistorie war auch Hans-Joachim Luttermann (Rostock) behilflich, genauso wie Gregor Ulsamer (Borkum) und Dr. Frank Toussaint (Hamburg). Für die Luftaufnahmen danke ich Manfred Schulze-Alex (Hamburg) und Guido Pritzkow (Rudersberg).
Dank gilt auch dem Grafikdesigner Professor Johannes Graf (Dortmund) für die Beurteilung von Fotos und beim Delius Klasing Verlag Frau Dr. Nadja Kneissler, Verlagsleitung Buch, sowie der Lektorin Christine Siedle und der Bildredakteurin Eva Grieger.
Große Unterstützung erfuhr ich durch Hans-Joachim Fröhlich aus Hamburg. Er begleitete mich auf einigen Reisen, stellte Lichttechnik zur Verfügung, war Ratgeber und auch Fotograf. Wir werden nicht vergessen, was es heißt, bei sommerlicher Hitze eine Studioblitzanlage zur Ausleuchtung der Laternen auf die Leuchttürme Westerheversand und Arkona zu tragen.

IMPRESSUM

Bibliografische Information der Deutschen Nationalbibliothek
Die Deutsche Nationalbibliothek verzeichnet diese Publikation in der Deutschen Nationalbibliografie; detaillierte bibliografische Daten sind im Internet über http://dnb.dnb.de abrufbar.

1. Auflage
ISBN 978-3-667-10275-1

Lektorat: Christine Siedle
Titelfoto: Reinhard Scheiblich
Karten: Planstelle Jens Rademacher, Hamburg
Umschlaggestaltung: Buchholz.Graphiker, Hamburg
Layout: Gabriele Engel
Lithografie: scanlitho.teams, Bielefeld
Druck: Firmengruppe Appl, aprinta Druck, Wemding

Printed in Germany 2015

Delius Klasing Verlag, Siekerwall 21, D - 33602 Bielefeld
Tel.: 0521/559-0, Fax: 0521/559-115
E-Mail: info@delius-klasing.de
www.delius-klasing.de

BILDNACHWEIS

Alle Fotografien stammen von Reinhard Scheiblich, ausgenommen:
akg-images (Berlin) / A.F. Kersting: S. 9
Architekturmuseum der Technischen Universität Berlin: S. 11 u., S. 14, S. 20 l. & r. u., S. 24 u., S. 146 r. o.
Archiv Sven Karberg (Behrenshagen): S. 29
Das Bundesarchiv: S. 40 r. o., S. 130 o.
Deutsches Historisches Museum, Stiftung des Öffentlichen Rechts, Bildarchiv (Berlin): S. 30 o. & u., S. 41 o., S. 93 u.
Hans-Joachim Fröhlich (Hamburg): S. 52, S. 53, S. 92 l. o., S. 93 o., S. 94 l. o., Mitte, u., S. 121 Mitte, S. 122 o., S. 123, S. 128 l. o., Mitte, u., S. 143 o., S. 159 Abb. 6, 7, 8, 14, Buchrückseite 9. Bild
Sven Karberg (Behrenshagen): S. 139, S. 148, S. 149
Manfred Schulz-Alex (Hamburg): S. 38 l. & r. o.
Guido Pritzkow (Rudensberg): S. 128 r. u.
Sammlung Reinhard Scheiblich: S. 41 u., S. 54, S. 55, S. 64 l. u., S. 72, S. 77 l. u., S. 121 o., S. 146 l. o., S. 147 r. o. & u., S. 153 l. & r. o., S. 159 Abb. 1, 3, 4, 5, 10, 12
Sammlung Dr. Klaus Schmitz (Pastow): S. 108 r. u.
Helmut Seger (Bremerhaven): S. 51 l. u.
Hans Helge Staack (Neu Wulmstorf): S. 38 r. u., S. 39, S. 159 Abb. 11
Stadtarchiv Cuxhaven: S. 10
Stadtarchiv Hamburg: S. 51 r. o.
Stadtarchiv Rostock: S. 11 o.
Wolfgang Stöck (Amrum): S. 159 Abb. 2
Wasser- und Schifffahrtsamt Bremen: S. 36 o., S. 37, S. 40 l. o. & l. & r. u., S. 46 o.
Wasser- und Schifffahrtsamt Stralsund / Archiv Sven Karberg (Behrens hagen): S. 36 u., S. 105 u., S. 108 o., S. 109, S. 110 u., S. 114 o., S. 118 o., S. 130 l. u., S. 131, S. 136 u., S. 146 u., S. 147 l., Buchrückseite 8. Bild